1921–2021
厦门大学
XIAMEN UNIVERSITY

厦门大学百年校庆系列出版物

百年院系史系列

厦门大学
生命科学学院院史

主　编　左正宏　周大旺

厦门大学出版社
XIAMEN UNIVERSITY PRESS
国家一级出版社
全国百佳图书出版单位

图书在版编目(CIP)数据

厦门大学生命科学学院院史/左正宏,周大旺主编.—厦门:厦门大学出版社,2021.3

(百年院系史系列)

ISBN 978-7-5615-8100-1

Ⅰ.①厦… Ⅱ.①左… ②周… Ⅲ.①厦门大学生命科学学院—校史
Ⅳ.①G649.285.73

中国版本图书馆 CIP 数据核字(2021)第 043592 号

出 版 人 郑文礼
责任编辑 陈进才
封面设计 李嘉彬
技术编辑 许克华

出版发行 厦门大学出版社
社　　址 厦门市软件园二期望海路 39 号
邮政编码 361008
总　　机 0592-2181111　0592-2181406(传真)
营销中心 0592-2184458　0592-2181365
网　　址 http://www.xmupress.com
邮　　箱 xmup@xmupress.com
印　　刷 厦门集大印刷厂

开本 720 mm×1 000 mm　1/16
印张 16.5
插页 2
字数 286 千字
版次 2021 年 3 月第 1 版
印次 2021 年 3 月第 1 次印刷
定价 56.00 元

厦门大学出版社
微信二维码

厦门大学出版社
微博二维码

本书编委会

- 主　编：左正宏　周大旺
- 副主编：葛郝锐　李勤喜　宋思扬　陈奕欣
- 编　委：（按姓氏笔画排序）

马利娜　司卓亚　刘广发　许灯红　杨汉金

吴昆融　何燕青　沈明山　张　瑜　张娆挺

陈祥仁　范琳琳　林　妍　林　琦　郑毅芳

赵　扬　胡志钰　徐　虹　梁怡婷　彭永莹

曾　定　谢　忠

总　序

厦门大学 党委书记　张　彦
校　　长　张　荣

2021年4月6日，厦门大学百年华诞。百载风雨，十秩辉煌，这是厦门大学发展的里程碑，继往开来的新起点。全校师生员工和海内外校友满怀深情地期盼这一荣耀时刻的到来。

为迎接百年校庆，学校在三年前就启动了“百年校庆系列出版工程”的筹备工作，专门成立“厦门大学百年校庆系列出版物编委会”，加强领导，统一部署。各院系、部门通力合作，众多专家学者和相关单位的工作人员全身心地参与到这项工作之中。同志们满怀高度的责任感和紧迫感，以“提升质量，确保进度，打造精品”为目标，争分夺秒，全力以赴，使这项出版工程得以快速顺利地进行。在这个重要的历史时刻，总结厦大百年奋斗历史，阐扬百年厦大“四种精神”，抒写厦大为伟大祖国所做出的突出贡献，激发厦大人的自豪感和使命感，无疑是献给百岁厦大最好的生日礼物。

“百年校庆系列出版工程”包括组织编撰百年校史、百年组织机构史、百年院系史、百年精神文化、百年学术论著选刊、校史资料与学生名录……有多个系列近150种图书将与广大读者见面。从图书规模、涉及领域、参编人员等角度看，此项出版工程极为浩大。这些出版物的问世，将为学校留下大量珍贵的历史资料，为学校深入开展校史教育提供丰富生动的素材，也将为弘扬厦门大学“自强不息，止于至善”校训精神注入时代的新鲜血液，帮助人们透过“中国最美大学校园”

的山海空间和历史回响，更加清晰地理解厦门大学在中国发展进程中发挥的独特作用、扮演的重要角色，领略“南方之强”的文化与精神魅力。

百年校庆系列出版物将多方呈现百年厦大的精彩历史画卷。这些凝聚全校师生员工心血的出版物，让我们感受到厦大人弦歌不辍的精神风貌。图文并茂的《厦门大学百年校史》，穿越历史长廊，带领我们聆听厦大不平凡百年岁月的历史足音。《为吾国放一异彩——厦门大学与伟大祖国》浓墨重彩地记述厦门大学与全国34个省级行政区以及福建省九市一区一县血浓于水的校地情缘，从中可以读出厦门大学在中华民族伟大复兴征程中留下的深深烙印。参与面最广的“厦门大学百年院系史系列”、《厦门大学百年组织机构史》，共有30多个学院和直属单位参与编写，通过对厦门大学各学院和组织机构发展脉络、演变轨迹的细致梳理，深入介绍厦门大学的党建工作、学科建设、人才培养、组织管理、社会服务等方面的发展历程，展示办学成就，彰显办学特色。《厦门大学校史资料选编（1992—2017）》和《南强之星——厦门大学学生名录（2010—2019）》，连同已经出版的同类史料，将较完整、翔实地展现学校发展轨迹，记录下每位厦大学子的荣耀。“厦门大学百年精神文化系列”涵盖人物传记和校园风采两大主题，其中《陈嘉庚传》在搜集大量史料的基础上，以时代精神和崭新视角，生动展现了校主陈嘉庚先生的丰功伟绩。此次推出《林文庆传》《萨本栋传》《汪德耀传》《王亚南传》四部厦门大学老校长传记，是对他们为厦大发展所做出的突出贡献的深切缅怀。厦大校友、红军会计制度创始人、中国共产党金融事业奠基人之一高捷成的传记《我的祖父高捷成》，则是首次全面地介绍这位为中国人民解放事业做出杰出贡献的烈士的事迹。新版《陈景润传》，把这位“最美奋斗者”、“感动中国人物”、令厦大人骄傲的杰出校友、世界著名数学家不平凡的人生再次展现在我们眼前。抒写校园风采的《厦门大学百年建筑》、《厦门大学餐饮百年》、《建南大舞台》、《芙蓉园里尽芳菲》、《我的厦大老师》（百年华诞纪念专辑）、《创新创业厦大人2》、

《志愿之光》、《让建南钟声传响大山深处》、《我的厦大范儿》以及潘维廉的《我在厦大三十年》等，都从不同的角度，引领我们去品读厦门大学的真正内涵，感受厦门大学浓郁的人文精神和科学精神。

此次出版的“厦门大学百年学术论著选刊”，由专家学者精选，重刊一批厦大已故著名学者在校工作期间完成的、具有重要价值的学术论著（包括讲义、未刊印的论著稿本等），目的在于反映和宣传厦门大学百年来的学术成就和贡献，挖掘百年来厦门大学丰厚的历史积淀和传统资源，展示厦门大学的学术底蕴，重建“厦大学派”，为学校“双一流”建设提供学术传统的支撑。学校将把这项工作列入长期规划，在百年校庆时出版第一辑共40种，今后还将陆续出版。

“自强！自强！学海何洋洋！”100年前，陈嘉庚先生于民族危难之际，抱着“教育为立国之本，兴学乃国民天职”的信念，创办了厦门大学这所中国历史上第一所由华侨独资建设的大学。100年来，厦大人秉承“研究高深学术，养成专门人才，阐扬世界文化”的办学宗旨，在实现中华民族伟大复兴的征程上书写自己的精彩篇章。我们相信，当百年校庆的欢庆浪潮归于平静时，这些出版物将会是一串串熠熠生辉的耀眼珍珠，成为记录厦门大学百年奋斗之旅的永恒坐标，成为流淌在人们心中的美好记忆，并将不断激励我们不忘初心继承传统，牢记使命乘风破浪，向着中国特色世界一流大学目标奋勇前行！

张彦　张荣

2020年12月

厦门大学百年院系发展概述

朱水涌

100 年在历史长河中只是短暂的一瞬，但对于一所中国现代大学以及这所大学的学院科系来说，则意味着经历过极不平凡的历程。百年学府沧桑、十秩院系辉煌，为迎接厦门大学建校百年华诞，学校决定编撰出版“厦门大学百年院系史”系列，梳理淬炼院系的建设发展历程，以史为鉴，彰往考来，将院系的昨天、今天与明天联系在一起，发扬踔厉，这是一件极富建设意义与厦大特色的历史性工程。

一

20 世纪初的中国，正如校主陈嘉庚所言：“吾国今处在列强肘腋之下，成败存亡千钧一发。”就在这千钧一发之际，为救国而创办大学成为一道时代的特别风景。马相伯因“慨自清廷外交凌智”而创办震旦学院（复旦前身）[①]，南开大学的创办者因国家的“贫弱”是因为“教育未能发展”而创立南开[②]，唐文治执掌交通大学砥砺第一等人才，目的就是“宏济艰难，救我中国”[③]。厦门大学校主陈嘉庚则在《筹办厦门大学演讲词》中直截了当地指出：“今日国势危如累卵，所赖以维持者，惟此方兴之教育与未死之民心耳。”出自民族救亡而诞生的中国现代大学，在她向欧美学习现代大学的办学时，一开始便融入了民族救

① 《复旦大学百年志》编纂委员会：《复旦大学百年志（1905—2005）》，复旦大学出版社 2005 年版，第 9 页。

② 《南开大学校史资料选》，南开大学出版社 1989 年版，第 12 页。

③ 唐文治：《上海交通大学第三十届毕业典礼训词》，载《茹经堂文集》三编卷一。

亡图存的历史内涵和办学志向，民族振兴的需求与国家最需要的人才，成了中国现代大学初创时学科与专业设置的重要出发点，呈现出中国现代大学鲜明的中国特色。这里，当年的创办者与一校之长的救国思想与办学理念产生了重要作用。

厦门大学创校时期选择的教学体制沿用了近代英国大学学制，但在科系组成与学科设置上却没有完全按英国大学的体制与模式，与民国时期的各大学一样，当时并没有很强的专业观念，而依照时代与国家的急需人才设立科系。厦大建校初期，科系成型时的学科最初形态是文科设 8 个系，理科设 6 个系，工科归理科，其中的教育、工、商、新闻，都是那个危机时代国家急需人才的学科。

1930 年 2 月，在通过国民政府大学院立案后两年，厦门大学遵照国民政府教育部令，将“科”改为学院，设 5 个学院 21 个学系。至此，经过近 10 年的建设，厦门大学具备了较为完备的院系体制，开始以院系这样一种与世界接轨的基本单元建构教学科研体制，开展“研究高深学术，培养专门人才，阐扬世界文化”，厦大的多学科性业已形成。

1929 年，世界经济危机爆发，陈嘉庚公司每况愈下，1934 年 1 月公司被迫收盘。这期间虽然有厦大教职员的半年捐薪活动，有陈嘉庚的“出卖大厦办厦大”惊世壮举，厦门大学的办学经费还是难以为继。在此情况下，厦大及时调整院系结构，以系科合并的方式突围经济上的窘迫，推进学科的艰辛运转。至私立时期的最后几年，全校 5 个学院压缩成文学、理学、法商 3 个学院，21 个系经合并与撤销浓缩为 9 个学系。尽管这种合并是无奈之举，从数字上看办学规模是缩小了，但这次的学科浓缩却无意中为学科的整合、为打破欧美当年系科划分过细的弊端打下了基础。

建校时期厦门大学的院系建设与学科发展，按国民政府大学院调查专家的看法，在全国高校中有“方之他处，有过无不及”[①]的优势。这一时期，林文庆主持制定的《厦门大学校旨》(以下简称《校旨》)明确指出：“本大学之主要目的，在博集东西各国之学术及其精神，以研究一切现象之底蕴与功用，同时并阐发中国固有学艺之美质，使之融会贯通，成为一种最新最完善之文化。”《校旨》从大学文化的建构出发，鲜明地提出厦门大学办学的理念与目标。与这个理念和目标相联系，厦大初期的院系与学科、专业的建设，有如下几个特点：

---

① 《厦门大学十周年纪念刊》(1931 年 4 月)，载《厦门大学校史》第 1 卷，厦门大学出版社 1987 年版，第 94 页。

其一是注重“功用”,“切于实用”,培养国家、民族稀缺人才。《校旨》提出教学“以切于实用,造就应用科学人才为前提”。建校初期,教育学占有举足轻重的位置,原因如《校旨》所言:“我国目下师资及教育专门人才甚为缺乏,故对于教育系特加注意,以期养成良好师资及教育界领袖,因以提高一般教育之程度。”[①]陈嘉庚的信念是“国家之富强,全在乎国民,国民之发展,全在乎教育”[②],他办厦门大学一个重要的担当就是要纠正当年教育的“偏估”与“颓风”,解决中国教育缺乏新知识新思想师资的问题,以免“国粹日稀,精神日减,必至无救药之惨痛”。厦大商学与工学的较早创设与运行,也都体现了这样一种办学理念。这个特点,奠定了厦门大学从国家需要建设专业发展学科的厚重底色。

其二是博集东西精神、阐发中国学艺之美质、“研究高深学术”的学科特色。厦大成立时,《厦门大学组织大纲》明确表明厦大的三大任务之一是研究高深学术。林文庆在《校旨》中具体指出要建设科学研究机关,厦大要“成为我国南部之科学中心点”[③];院系体制形成后,厦大各学院在其“学院学则”的第一条“宗旨”中都一致性地提出“以培养专门人才,研究高深学术为宗旨”[④],这表明厦大建校初期就具备浓厚的学科建设意识。而且,在西学东渐、中西文化激烈论争与冲突的情势下,厦大独到地提出“阐发中国固有学艺之美质”和“首重国文”的主张,这也就形成了厦门大学学科建设中注重本土资源与文化精神的中国特色。文科的国学研究与理科的生物学研究是这方面的范例。1926年创建的国学研究院被认为是“大有北大南移之势”,是当年全国国学研究的中心之一。其影响不仅在于大师云集、研究规划与实际成果,更重要的是厦大国学研究体现了五四时期“重估价值”的精神,它的学科新范畴,研究问题的新方法、新史料和新观点,代表了五四之后国学研究的新趋势。植物系与动物系同样引起全国乃至世界的关注,尤其是结合本土地理优势的海洋生物研究更是锋芒毕露。1923年厦大美籍教授莱德的论文《厦门大学附近之文昌鱼渔业》在国际顶尖科学期刊 *Science* 上发表,成为中国高校最早在 *Science* 上发表的研究成果之一,引起国际学术界瞩目。鉴于海洋生物学科的成果,中央研究院及太平洋科学学会,特别委托厦门大学建立海洋生物研究室。与此同时,

---

① 《厦门大学校史》第1卷,第26页。

② 陈嘉庚:《筹办厦门大学演讲词》,载《新国民日报》1920年11月30日。

③ 《林文庆校长报告》,载《厦门大学民国十年度报告书》,1922年。

④ 《厦门大学一览》(1935—1938年度),载《厦大校史资料》第1辑,厦门大学出版社1987年版,第66页。

厦大的动植物标本的数量与丰富多样在全国领先。

其三是开放性的院系学科构成与人才培养学制。在中国高等教育滥觞时期，中国的大学虽然学的是西方体制，但中国文化原本就缺乏精确细致的分类，对事物不那么条分缕析，而且大学刚刚兴起，很多学科、专业更是因国家需要而设置而存在，大学的一切都在尝试与践行当中，这也就带来了中国现代大学院系学科设置上的开放性。厦大私立时期四次较大的院系变动与学科设置，就可以清楚地看到这个现象。院系设置与专业、学科结构的不断变动，实际上对打破学科体制的僵化是有驱动力的，它为以后厦大百年发展中院系所面临的不断调整、不断改革奠定基础。

在人才培养上，厦门大学"虽为厦门大学，实为世界之大学"①，一开始就招收大量的东南亚华侨子女和朝鲜国学生，颇具开放性。这所地处东南沿海一隅的大学却坚持要"使本校之学生虽足不出国外，而其所受之教育，能与世界各大学相颉颃"②，除不惜重金聘任国内外特别是世界名牌大学经历的名师学者外，在教学体制上，厦门大学沿用英国近代大学学制，本科修业 4 年，以修满 150 学分（绩点）并通过毕业论文及有关实验为毕业，各院各系实行课程交叉的修课计划，注重了知识结构的多元化。打破课程的专业界限，这样一种强调博集东西学术，打通院系界限学科界限的修学制度，实际上更吻合现代大学的人才培养规律。

厦门大学建校初期 16 年间，其"切于实用"的人才培养方针，"研究高深学术"的学科特色，院系学科结构与教学体制的开放性，不仅是时代的产物，也是百年厦门大学的宝贵珍藏，在百年厦大的院系建设发展中体现了一所名校的潜在发展实力，不仅为厦大创建"世界之大学"目标打下了坚实的基础，而且在学科的发展上为一流学科的发展奠定了先天优势。

二

1937 年 7 月 1 日，私立厦门大学正式改为国立厦门大学。7 月 6 日，国民政府行政院任命清华大学萨本栋教授出任厦门大学校长。7 月 7 日，抗战全面爆发。12 月，日寇兵临厦门，厦门大学内迁山城长汀，坚持在烽火硝烟中办

---

① 《林文庆先生在中华俱乐部之演说词》，载《南洋商报》1925 年 2 月 2 日。

② 《林文庆校长报告》，载《厦门大学民国十年度报告书》，1922 年。

学,“单独担负铁路线(粤汉铁路)以东国立最高学府的全付责任”[①],成为加尔各答以东最逼近战场的学府,肩起中国高等教育的东南半壁江山。由此开始到 1949 年新中国成立,这是厦门大学的国立时期。

抗战时期,在极其艰难困苦的条件下,萨本栋校长抱着“在艰危中”“不负嘉庚先生毁家兴学及政府将厦大收归国立之至意”的意志[②],以自己的未雨绸缪和身体力行,推进拓展厦门大学的院系与学科建设,赢得了战争中“国魂所托的事业”[③]的重大发展。

作为坚守在战区的最高国立学府,在战争中自觉担负起为战后的祖国建设培养与储备人才的使命,这成了厦大院系与学科建设的出发点与目的地。萨本栋说:“吾人应知此次战争,关系数千年固有文化之持续,将来永固国基之奠定者至巨。”[④]置身残酷的战争中,厦大想的是战后建设所需的大量“永固国基”的人才。据当年的新闻媒体报道,厦大筹备设立水产研究室,是为了“战后东南沿海水产研究之总枢”[⑤];增设外国文学系与法律系司法组,“以应目前全面反攻及将来建国之需要”[⑥]。

这种穿透硝烟的未雨绸缪,更体现在厦门大学工科院系的创设与发展上。厦大工科开始于 1922 年,在 1930 年科改系后,工科已悄然消失。萨本栋来自清华大学,自己又是著名的电机专家,他对工科建设既熟悉又有主见,从战后建国的急需出发,工科人才显然要比其他学科人才需求更迫切、需求量更大,萨本栋决定补齐厦大学科上的工科短板。

1938 年 7 月,厦大创设土木工程系,到 1941 年秋季,萨本栋校长就很自豪地说:“现在土木系设备,固尚未达到我们理想的境地,但教师则已充实到可以与国内任何大学相颉颃。”[⑦]这个科系,为战后中国大规模的基础设施建设培养了大批人才。1940 年秋季,在土木工程大力扩展的同时,萨本栋又创设机电工程系。机电工程系创立后,理学院扩充为理工学院。1944 年 4 月,创建航空工程系,厦大成为全国最早开办航空专业本科教育的少数高校之一,培

---

① 《萨本栋开学词》,载《厦大通讯》第 3 卷第 10 期,1941 年 10 月 25 日。

② 萨本栋:《勖勉同学词》,载《唯力》旬刊第 3 期,1938 年 4 月 3 日。

③ 萨本栋:《勖勉同学词》,载《唯力》旬刊第 3 期,1938 年 4 月 3 日。

④ 萨本栋:《“七七”二周年纪念与节约运动》,载《唯力》第 2 卷第 7/8 期合刊,1938 年 7 月 7 日。

⑤ 《母校设立水产研究室》,载《厦大通讯》第 6 卷第 1 期,1944 年 3 月 31 日,

⑥ 《厦大增设外语、司法等系组》,载南平《东南日报》1945 年 8 月 4 日。

⑦ 《萨本栋开学词》,载《厦大通讯》第 3 卷第 10 期,1941 年 10 月 5 日。

养出像中国工程院院士张启先这样一批优秀的中国早期航天航空专家。

1945年12月厦大复员厦门，汪德耀已接掌厦大。这期间院系与科建设的最大事件是1946年夏季海洋学系与中国海洋研究所的创办。海洋学科创立于天时地利人和之中：抗战胜利后海洋与海权重要性凸显，复员厦门后的东南沿海地理环境优势，校主陈嘉庚“力挽海权，培育专才”的誓言与著名海洋学家唐世凤博士的加盟，共同促成了中国第一个海洋学系诞生，同时，厦大与中英文教育基金会合办的中国第一个海洋研究所也在厦大成立，厦大的海洋观测站也获准设立。由此，厦门大学在全国率先开始了“谋中国海洋科学事业之发展”“研究与教育并重”的造就培养海洋人才的行动。

国立时期文科的发展以复办法学为主要标志。厦大的法学，最早创立于1926年6月，1937年改归国立后，法律系奉命撤销，法学学科停办。到1940年，由于国民政府教育部不同意建立福建大学，并将已经开学的福建大学法学院并入厦门大学，这样，战火中的厦大法学学科就在接收福建大学法学院的契机中复办起来。

在人才培养理念与培养模式上，萨本栋取的是美国芝加哥大学的通识教育思想和从清华带过来的通识教育理念，遵循梅贻琦的“通识为本，专识为末”[①]教育思想制定校制、设置课程，实行强化通识基础与打通学科界限的修学制度，实施教授全力上课制度。他要求即使在战争中，也要坚持“未到‘最后一课’的时候，应加紧研究学术与培养技能”[②]，他提出，“现在不是个推诿责任的时代”，“需一身肩负二人之重任，一日急二日之操作”[③]，以不辜负陈嘉庚先生的期待，不辜负国家事业所托。比如新成立的机电工程系系主任李家炘教授，据统计最高一学期每周上课达81课时，每周最高达1725人时。这时期的厦大学生则“把战区当课堂，把笔杆当枪杆”，越是艰难越是坚韧学习。在1940年与1941年国民政府教育部举行的两次专科以上学生学业竞赛中，获奖总数与获奖系数的比例评定，均名列全国第一。

从抗战全面爆发到复员厦门，在极其艰危的战争环境与艰苦的复员中，厦门大学的院系建设不仅没有停顿，而且还得以有力扩充，院系规模与学科发展都有历史性的突破，多科性大学已然向综合性大学迈进，也因此开始确立厦门

---

① 梅贻琦：《大学一解》，载《清华学报》第13卷第1期，1941年4月。

② 萨本栋：《勖勉同学词》，载《唯力》旬刊第3期，1938年4月3日。

③ 萨本栋：《“七七”二周年纪念与节约运动》，载《唯力》第2卷第7/8期合刊，1939年7月7日。

大学位居全国高等教育前列的位置。更重要的是这一时期积淀下来的办学精神，那种由战争烽火淬炼出来的自强、坚韧与艰危中担当重负的使命感，为厦门大学的发展积累了一份极宝贵的精神财富。

三

1949 年 10 月 1 日，中华人民共和国成立，人民当家做主的时代开始。10 月 17 日，厦门解放，厦门大学迎来了办学史上的新纪元。1949 年 10 月 21 日，中共厦门市委在厦大建立中共厦门大学支部。不久，在原有基础上设立中共厦门大学党组。1950 年 5 月，中华人民共和国政务院任命著名经济学家、曾任厦门大学法学院院长的王亚南为厦门大学校长。

1952 年 6 月，中共福建省委派 15 名党的干部到厦大，7 月，中共福建省委决定程璐任中共厦大临时党委书记，党在学校的领导得以体现与加强；1953 年 1 月，厦门大学成立校务委员会，标志着学校由“校长负责制”开始向“党委领导下的校长负责制”过渡。这一年，符合条件的科系先后成立党支部。1955 年 1 月召开中共厦门大学第一次代表大会，成立中共厦门大学党委会，之后，各系先后建立系党总支，直到 1999 年校院二级管理体制改革时，党总支、党支部为厦门大学各科系的最直接领导，保证科系建设与学科发展的正确方向和健康发展。

新中国成立后，在东西方意识形态冷战的背景下，中国大学放弃对西方欧美的学习，而强调向“苏联老大哥”学习。1952 年，中央提出高等教育“发展专门学院和专科学校，整顿和加强综合大学”的方针，并学习苏联高校模式，进行大规模的院系调整。从 1952 年到 1955 年底，厦门大学在调整中从多学科大学向文理科综合大学转变，被确定为华东四所综合性大学之一。

1952 年 8 月，一年前刚刚由省立并入厦大并改名的厦大农学院奉命与福州大学农学院合并为福建农学院；9 月，厦大海洋系一分为三，厦大航海专修科与集美水产商船专科合并成立福建航海专科学校，之后再分别归入大连海运学院与上海海运学院；海洋系理化组并入山东大学，与山东大学海洋学科建立海洋系，发展为山东海洋学院，即后来的青岛海洋大学；为保存厦大发展海洋学科的力量，厦大成立海洋生物研究室，将海洋生物组的骨干教师与标本留在厦大，聘郑重教授为研究室主任。1953 年 7 月，厦大又奉命将工学院的土木、电机、机械 3 个系及土木专修科调整到浙江大学、南京工学院和华东水利学院，将企业管理并入上海财经学院，法学院归入华东政法学院。1954 年 7

月，厦大教育系调整到福建师范学院；8月俄语专修科部分师生并入南京大学。

在此调整中，厦门大学文理科也有所壮大。1951年私立福建学院的政治、法律、经济归并到厦大。1952年福州大学财经学院的会计、贸易、财金、统计、企业管理5个系并入厦大财经学院，并增加贸易专修科。1953年，福州大学文理两院的中文、外文、历史、数学、物理化学、生物学6个系也奉命并入厦门大学。1955年，厦大奉命停办统计、会计、财金、贸易4个系，改在经济系之下设政治经济学、统计学、会计学、货币与信贷、贸易5个专业。

从历史现场上看，大规模院系调整是新中国改造旧教育制度、建立新教育体制的战略措施，这是中华人民共和国教育史上一个重要事件。这场调整既为厦大文理科综合大学模式打下基础，也一定程度上削弱了厦大综合性大学的实力，厦大一些经营多年而形成厦大特色的院系、学科被调整出去，充实其他高校乃至成为新学校成立的基础。厦大在为国家做出贡献的同时，也造成基础学科与应用学科的相互分离，综合性大学学科交叉渗透的优势也受到一定的损失。

院系调整后，苏联高等教育的专业制度也随之取代了中国大学的院系体制。新中国成立之前的大学一般只设学科不设专业，学科业务范围要比专业宽阔，但专业有利于针对性培养专门人才，培养目标十分专一。为贯彻专业人才培养目的，厦门大学院级建制最后被正式撤销，实行以系为教学单位，系内设若干专业，形成按专业培养人才的办学模式。到1958年，全校设8个系16个专业，并设16个专门化科目。

这一时期，教育部确定厦门大学发展方向为“面向东南亚华侨，面向海洋”，要求各专业各教研组加强与南洋、台湾、海洋及本地特点有关的各种问题研究。王亚南校长对厦大的综合性大学也提出新的目标定位，他说：“今天我们所在的学校是个综合性大学，不是工业大学、农业大学，而是综合性大学，不同地方是培养目标不同。工农科培养工农业所需技术人才，师范培养教师，综合性大学主要是培养研究人员，科学研究人员。”他对学生说：“你们将来就是要培养成为科学家。”[①]这样的办学方向与文理综合性大学的形成，明确指明科学研究是厦大办学的重要任务，学科建设水平成为办学水平的重要表现。

由此，在那个以专业为主的发展时期，厦门大学依然将研究机构建设与学科建设发展当成院系建设的重要内容。

---

① 王亚南：《怎样做一个大学生》，录自厦门大学校办档案56-11。

王亚南校长抵达厦大后，首先恢复和建立研究机构，成立了经济研究所、化学研究所和南洋研究馆（1963 年升格为教育部部属研究所）、人类博物馆，文科理科各学院普遍成立研究室。这时福建研究院社会科学研究所也奉命归并厦大，充实了厦大文科主要是经济学科的研究实力。

这一时期，经济学科开始成为全国的翘楚学科。从 1946 年王亚南的《中国经济原论》研究被誉为“中国式的《资本论》”开始，厦门大学“以中国人的资格研究政治经济学”的独特学派开始形成。1950 年王亚南执掌厦大后，建立厦大财经学院，创办全国第一个经济研究所，这是当年全国高校最新经济学教学科研建制。院系调整中财经学院被撤销。1958 年 9 月，中国经济问题研究所成立，并创办中国第一家全国性经济学刊物《中国经济问题》。这个时期，经济学各学科研究全面展开，在《资本论》研究、社会主义所有制研究、会计、统计、财政学方面的研究，成绩斐然，为全国瞩目，奠定了经济学迈向一流学科的坚实基础。

化学为厦大理科中最早的学科之一，展示着一流学科的形象。1939 年，傅鹰博士受聘厦门大学并任教务长兼理学院院长，他给厦门大学带来了化学正在从经典的统计热力学深化为理论化学、结构化学的最新发展信息与理论，从而让厦大化学学科及时捕捉到量子化学、量子力学的发展，跟上世界潮流。自此，化学学科的发展呈现云帆济海之势。新中国成立后，催化的研究与应用、海洋化学分析成果显著，电化学研究、物质结构研究、有机物电极、电分析和有机物点解制备也都在学术界崭露头角。1972 年，蔡启瑞教授与唐敖庆、卢嘉锡两教授联袂承担国家重大基础理论研究课题化学模拟生物固氮研究，与国际同步攻关世界理论难题，成果受到国际同行的赞赏。这个时期的厦大化学，已具备国内一流、国际具有重要影响的学科声望。

除此，海洋生物研究，生物系在金定鸭研究及北京鸭与金定鸭的杂交研究，半导体物理、半导体化学、植物生物学以及数学等方面的基础理论研究，都有全国性影响。理科各系与福建省其他单位联办建立的 8 个新的研究所，有效地促进了厦门大学科学研究与地方建设的紧密结合，拓宽了厦门大学科学研究的思路与途径，这也说明了成为文理综合性大学的厦门大学在学科建设上的明显进展。

从 1949 年新中国成立到 1966 年“文化大革命”爆发，厦门大学与全国高校一样，经历过“整风运动”、“教育大革命”和“大跃进”高潮，作为面对两岸对峙炮火中海防前线大学，社会主义的办学方向和党在学校中的领导地位更加明确与坚定，在人才培养与科学研究上探索前进，书写出新中国高等教育的新篇章。1963年9月12日，教育部以〔63〕教厅秘字第178号文件，将厦门大学定位全国重点大学，“这是国家对厦门大学几十年来办学成就的充分肯定，从教育体制上明确地确立了厦门大学在全国教育事业中的重要地位”①。

1966年到1976年“文化大革命”运动期间，厦门大学与全国高校一样，遭受空前的洗劫。这是中国高等教育发展史上一次挫折和重大教训，经历过这样的风雨，拨乱反正之后，厦门大学的院系与学科建设自有空前的发展。

四

1976年10月6日，党中央一举粉碎“四人帮”；1977年9月，全国恢复高考制度，1978年2月，教育部恢复厦门大学为全国重点大学。1981年10月，厦门被国务院确立为中国四个经济特区之一，身处中国经济特区的国家重点大学，厦门大学被历史推向了改革开放的前沿，学校逐渐顺利走向“党委领导下的校长负责制”的领导体制中，院系建设发展进入一个崭新的历史新时期。2000年之后，按照校院二级管理体制改革，各学院建立学院党委，建立并逐步完善学院党政联席会议制度，厦门大学院系建设得到空前发展。

至2020年，改革开放中的厦门大学全校已建有30个学院16个研究院，展现出门类齐全、学科强劲、专业特色明显、布局合理的整体风貌。依据院系建设与发展的历史，以1995年启动“211工程”为界，整个42年的改革开放可分为两个时期：1978年至1995年为恢复与快速发展时期；1995年之后伴随着国家“211工程”、“985工程”、创建“双一流”建设，厦门大学院系建设进入跨越式发展时期。

1978年春天，当恢复高考制度后的第一届大学生走进厦大时，厦大共设有10个系29个专业，这些系与专业还只是集中于自然科学与人文社会科学的基础理论学科，基础雄厚，但面对世界新技术革命浪潮的兴起和新时期党与国家工作中心转移到社会主义现代化建设和改革开放上，尤其是经济特区和沿海开放城市、经济开发区的设立，原本的科系已经不能很好地适应新形势的需要，于是，学校大胆突破文理结构框架，调整学科与专业设置，大力充实、改造、复办老专业，增设一批新学科，优先创办一批涉外专业、应用科学和应用技术专业，开展边缘新兴学科研究，迈步向文理渗透、多学科组成的综合性大学

---

① 厦门大学档案馆、厦门大学校史研究室编：《厦门大学校史》第2卷（1949—1991），厦门大学出版社2006年版，第142页。

方向发展。

其一,以"起点要高,起点要新"的要求,创办一批新专业,集中在涉外、经济管理、新兴交叉学科与新技术专业。到1995年,全校已发展到26个系61个专业,突破长期以来保持的文理财经综合性大学格局,形成了包括智能科学、技术科学、人文科学、社会科学、管理科学、教育科学在内的多学科、结构比较合理、内容比较先进的学科体系。

其二,开始恢复学院建制。专业增多后,科、系不断发展,从管理与学科建设出发,开始逐步恢复学院建制。在20世纪80年代初期,先后成立经济学院、政法学院、全国综合性大学的第一个艺术教育学院、技术科学学院,其中技术科学学院的成立既带有复办工科的动机,更是以为国家培养急需的大量科技人才为目标,着重造就工科与理科相结合、交叉的学科的开创性人才。学院作为学校派出机构,具有一定自主权。

其三,以长远的战略眼光,充实、更新老专业。如20世纪70年代复办海洋系。在1952年的院系调整中,厦大将海洋系一分为三,用建立海洋生物研究室的名义战略性留住了海洋生物学科的骨干师资与教学标本,这使得厦大在1962年前后依然成为我国海洋科学的重要基地之一。海洋系虽然不再存在,厦大理科其他系却增设了海洋物理、海洋化学和海洋生物等新的专业、专门化,各系与华东海洋研究所密切配合,共同进行了26项海洋科学研究,成果引起国外学术界注意,《美国科学界对中国科学的看法》一书也提到厦大海洋科学研究的情况。复办后的海洋系,采取少招本科生、多招研究生、重拳科研、提高质量的策略,开展学科建设,并增设海洋水文气象和海洋地质地貌两个专业,为海洋系成为全国一流学科打下了坚实良好的基础。

1995年,厦门大学进入国家"211工程"行列;2001年,被列入国家"985工程"重点建设高校;2017年,入选国家A类"双一流"建设高校。在中国教育从教育大国走向教育强国的历史进程中,厦门大学的院系发展与学科建设,实现了跨越式发展。

1999年3月,全校深化校内管理体制改革,开始实行校院二级管理,学院建制全面铺开,各学院按照学院办大学的发展趋势,遵循"优化结构、强化内涵、扶优促新、鼓励交叉"的原则推动学科与专业建设,从1995年到2020年,全校共设置30个学院16个研究院,新增52个专业,撤销4个专业,调整18个本科专业,最终设置本科专业99个,涵盖文学、哲学、历史学、法学、经济学、管理学、理学、工学、建筑学、医学、艺术学等11个学科门类,以学科为支撑,打造一批定位明确、管理规范、改革成效突出,师资力量雄厚、培养质量一流的院系与专业群；全校有17个国家级特色专业，2个国家级人才培养模式试验区，2个国家级专业综合改革试点，3个专业入选教育部基础学科拔尖学生培养计划，24个专业13个项目入选教育部卓越人才培养计划。

这个时期，也是厦大研究生教育的大发展时期。1986年9月，国务院批准厦大试办研究生院；1996年3月，厦大正式获准设立研究生院；2018年，厦大成为全国首批20所学位授权自主审核单位之一。至2020年，全校共设有32个博士后流动站，36个一级学科博士学位授权点，45个一级学科硕士授权点。研究生院的建设与发展，推动了厦大研究生教育的空前发展，也更紧密地将厦门大学的学科建设与学院建设融为一体。

学科作为高校实施科研、教学活动和集聚人才的最基本的单元，是学校根本性的基础建设，也是院系建设发展的基础与支撑。这个时期，凭借国家“211工程”、“985工程”建设和创建“双一流”的支持，院系以学科为支撑，以学科建设为重心，凸显了学科建设的基础性与关键性。

其一，以学科建设为支撑为龙头，整合组建符合学科发展和拓展创新学科建设的学院，优化学科布局。如整合厦大早期传播和研究马克思主义与当代马克主义教学研究的资源，成立马克思主义学院，设立“985工程”重点学科“马克思主义理论”、“211工程”三期国家重点学科“中国特色社会主义理论与实践”建设项目，与中共福建省委宣传部合作共建“厦门大学中国特色社会主义理论体系研究与培训基地”，加强学科建设，建设国内高水平的马克思主义理论学术创新基地。如整合全校电子工程、电子科学、微电子与集成电路、电磁声等相关学科，组成电子科学与技术学院，入选国家示范性微电子学院；整合软件学院、物理科学与技术学院、计算机与信息工程学院相关资源成立信息学院；将公共事务管理学院的社会学系与人文学院的人类学系组合成社会与人类学院，更准确对应国际学科范式；而像数学科学学院、国际关系学院、台湾研究院、教育研究院、萨本栋微米纳米科学技术学院，则是应对历史与国家的需求，在学校原本的优势或特色学科基础上建立起来的学院。其中数学与应用数学为国家级一流专业、国家一类特色专业、国家理科数学与应用数学基础科学研究和教学人才培养基地，入选国家基础学科拔尖学生培养试验计划；台湾研究院入选国家高端智库试点建设、培育单位。以教育部人文社科重点研究基地会计发展研究中心和国家重点学科工商管理为依托，整合MBA和EMBA、会计系、工商管理系、管理科学系与旅游管理专业组成管理学院，很快使管理学院成为中国最具竞争力的十大商学院之一。工商管理、会计学、财务管理和电子商务4个专业入选国家一流本科专业建设点，在2017年教育部公布的全国第四轮学科评估中，工商管理一级学科获评A类学科，经济学与商学进入ESI全球前1%行列。

其二，以大学科理念、通过国家人才培养基地和重点学科的依托带动，推进院系与学科的建设发展。1999年校院二级管理体制改革伊始，学校就开始推行大学科的学院建制理念，文、史、哲3个系6个一级学科，以国家文科历史学基础科学研究和教学人才培养基地与国家重点学科中国经济史为带动，组建人文学院，力图打通文史哲，“研究高深学问”和培养人文学科精英人才。以大医科理念，整合生命科学学院、医学院、药学院、公共卫生学院等力量，推进学科交叉融合，构建医、教、研有机融合的医科教育体系。2018年和中国卫生信息与健康医疗大数据学会共同建立医疗健康大数据国家研究院，汇聚理、工、医及社会科学十几个学院的教师与研究团队，通过自主创新和跨学科合作，产生一批国内外领先的具有良好产业转化价值的一流研究成果，凸显大学科整体的优势。

在大学科建设与学科协同创新中，由厦门大学牵头，与复旦大学、中国社会科学院台湾研究所、福建师范大学共同建设的国家协同创新中心“两岸关系和平发展协同创新中心”，由厦门大学、复旦大学、中国科学技术大学和中科院大连化物所为核心层，组建的国家级协同创新中心“能源材料化学协同创新中心”，都体现出大学科、跨学科与跨越部门、学校的创新优势。2018年12月，国家自然科学基金委依托厦门大学建设“国家天元数学东南中心”，该中心由数学科学学院牵头，联合5个省14所高校为共建单位，更是以大学科、大组合、大跨越的组织形态呈现出构建一流核心竞争力的重要举措。

其三，发挥优势，打造国内领先、国际一流的高峰学科，是这一时期厦大院系建设与发展水平最基本也是最重要的成果之一。目前厦门大学有理论经济学、应用经济学、工商管理、化学、海洋科学5个国家一级重点学科，另有25个国家二级重点学科，分布在经济、管理、化学化工、数理、海洋与地球、生态与环境、法学、高等教育、生命科学、人文等学院。另有化学、工程学、农学、社会科学、计算机科学、分子生物学与遗传学、微生物学、药物理与毒理学、地学、物理学、经济学与商学等18个学科在ESI全球排名前1%；17个学科在QS世界大学学科排行榜上有名，上榜数居中国大陆高校第12位；37个学科登上软科世界一流学科排行榜，上榜数居中国大陆高校第8位。2017年，化学、海洋科学、生物学、生态学、统计学入选国家“双一流”建设行列。

当我们对厦大100年的院系发展做出梳理后，我们会发现，厦大百年院系的历史脚步，实际上是伴随着100年来中华民族伟大复兴的风云变幻与中国高等教育的命运嬗变而砥砺行走的，它走的是一条从小到大、从少到多、从大到强的历史发展脉络，一条是院系建设与学科发展紧密融合的道路，一条是国际竞争力和整体实力不断提升的道路。百年院系不断调整不断演化的进程，也就是百年学科不断变革不断创新的历程，这里有成功的喜悦，也有挫折的教训，有起伏的艰辛，也有前进的欢笑，但无论在什么时候、在什么样的空间里，都向着校主陈嘉庚先生提出的“世界之大学”目标前行，都沿着“与世界各大学相颉颃”的意志行进，都朝着“中国特色，世界一流”的憧憬踔厉奋进。

五

“厦门大学百年院系史”系列的编撰出版，是各院系向厦门大学百年华诞献上的一份礼物，她以100年来各个学院、研究院的学科发展、专业建设、院系在时代中变动的脚步为主要内容，呈现不同历史时期南方之强的个性与风采。目的在于总结经验，传承命脉，弘扬自强不息、止于至善精神，激励“双一流”建设，为厦门大学与中国高等教育留下一份珍贵的历史叙述。全校共有35个院系、研究院及厦大出版社参加了这个规模空前的编写工程。每部院系史主要包含以下内容：

一、历史的脚步。这是全书最主要的叙述，它通过对院系的历史梳理，描述出在各个历史时期的发展脉络与特征，客观呈现各学院发展进程中的主要事件，重点叙述以学科建设、人才培养为重心的发展变化、主要特点和成就，以及行政管理、社会服务上的变更发展。

二、党政管理。叙述院系党的建设情况，行政机构的变更，历任党、政领导等。

三、学科发展。叙述院系学科建设发展的轨迹与特色、地位与成绩，包括博士授权点、硕士授权点介绍及其人才培养特色，研究基地、研究所、中心介绍及其工作特色，重点实验室介绍及其工作成就，对外交流成果等。

四、教学成果。阐述院系在人才培养与教学教育中的发展嬗变，包括专业设置、课程体系、精品课程与教改项目、教学成果奖、特色专业与创新试验区、教学团队、教材建设、人才培养基地、创新创业教育等内容。

五、学术成就。配合学科建设的发展，叙述学术上的做法与成就，包括获奖学术成果、主要著作与论文、主要研究课题。

六、附录：院系大事记。

这是一项具有长远意义且严肃的工作，学校要求各院系在编撰中坚持正确的政治导向，突出与中国共产党同龄的厦门大学教育救国、教育兴国、教育强国的历史步点；重点叙述与提炼各学科、各专业及人才培养的发展与成就，彰显学术大师和著名校友的贡献；历史须客观叙述，要求准确无误有根有据，尽可能追根溯源，填补漏缺，还原历史，强调学术传承。但历史的写作须经千锤百炼，百年院系历史的叙述需要长期的淬炼，今天打开的这个脚步，难免深浅不一，难免有疏漏之处，还有许多需要打磨甚至勘正的地方，还请各位读者批评指正。

全校的百年院系史系列编撰工作在 2019 年的春天启动，历时两年的时间，在厦门大学百年华诞到来之际，终于与厦大人、与各方读者见面了。当各院系的撰写者在各自的历史隧道中搜寻攫微、考辨记载而写出自己的院系历史的时候，实际上是在对一个学科、一个院系的过去与今天的研究梳理，也是与明天的一个重要联系与启示。相信经过这次院系史的研究编写，各学院各学科将会以史为鉴，以更宏伟的规划更准确的定位更实在的工作，在党的坚强领导下，向着“中国特色，世界一流”的建设方向，奋力推进厦门大学院系建设与学科发展。

2021 年 3 月 12 日

前　言

1921年，校主陈嘉庚先生怀着“教育为立国之本，兴学乃国民天职”的信念，倾资创办了厦门大学。次年，生命科学学院的前身“动物学科”和“植物学科”创立。经历了近百年的历史洗礼与持续性跨越发展，学院在学科建设、人才培养、师资队伍、科学研究等方面均取得了显著的成绩，现已成长为我国生命科学领域最具特色和最有影响力的科学研究与高级人才培养基地之一。

近百年来，老一辈的科学家、教育家把对中华民族的满腔热情化作科学人生的动力，满怀着对祖国、对人民强烈的事业心和责任感，为我国的科学研究和教育事业做出了重大贡献。无论是办学初期兴办学科，“培养专门科学人才，研究高深学术”，还是内迁长汀时期坚持办学，不因艰苦条件放松培养质量，抑或是近年来大刀阔斧进行改革创新，探寻与时代、与国家相契合的人才培养模式，一代又一代的生科人，始终秉持“自强不息，止于至善”的校训，坚持立德树人，向社会输送了大批的优秀人才。他们无私奉献的高尚情操，永探真知的科学精神，严谨求实的治学态度，循循善诱的师者风范，不仅是青年学子景仰和学习的楷模，也是学院弥足珍贵的精神财富。

为进一步弘扬厦门大学“四种精神”，传承老一辈科学家科学报国精神，同时反映建校以来生物学科的发展历史和阶段特点，总结各个历史时期办学治学的基本经验，学院院史编纂组以史料为基础，在学校百年院系史编纂组的指导下编写了此书。院史编写工作得到校内外有关部门、学院教师和校友的关注和大力支持，特别是很多老领导、老教师和广大校友提供了许多珍贵的回忆资料和照片，提出了很多宝贵的意见，在此表示衷心的感谢！

鹭江潮涌，学海泱泱；嘉庚之风，山高水长。厦门大学即将迎来百年庆典，生物学科百年庆典也将接续而至。编印此书，追本溯源，以鼓励全院师生继续坚持“先行先试、敢闯敢拼”的创新意识，“实干担当、攻坚克难”的工作作风，同心勠力，奋力拼搏，朝着建设国内领先、世界一流学院的奋斗目标阔步迈进，不断谱写新的壮丽篇章！

《厦门大学生命科学学院院史》编委会

2020 **年** 7 **月**

目录

c o n t e n t

第一章 历史的脚步

第二章 行政管理

第三章 学科发展

第四章 教学沿革与成效

第一章 历史的脚步

被毛泽东主席誉为“华侨旗帜、民族光辉”的华侨领袖陈嘉庚先生于 1921 年创办厦门大学，以“自强不息，止于至善”为校训，制定“研究高深学问，养成专门人才，阐扬世界文化”的办学宗旨，广揽名师，潜心学术和培养人才。建校之初就计划兴办生物学科，以开发祖国山海资源。建校翌年，设立了植物学和动物学两科，厦门大学的生物学科开始萌芽。在近百年悠久历史过程中，厦门大学生物学科遵循“自强不息，止于至善”的校训，励精图治，以严谨治学的优良传统，培养出包括伍献文、曾呈奎、肖培根、唐崇惕、林鹏、陈宜瑜等院士，以及金德祥、方宗熙、张松踪、庄绍华、黄厚哲、丘书院、陈宏溪、李少菁等众多优秀科学家和教育家在内的毕业生 1 万余人，已成为我国生命科学人才培养与科学研究的重要基地。

百年风雨，砥砺前行。一代一代的厦大生科人经历了历史风雨的洗礼，在厦门大学这片沃土上生根，已经由稚嫩的幼苗成长为参天大树。截至 2020 年 7 月，学院有教职工 189 人，其中专任教师 104 人，工程、实验等系列专业技术人员 64 人。教师队伍中有中国科学院院士 1 人，“长江学者奖励计划”(以下简称“长江学者”)特聘教授 3 人，国家“973 计划”、重大科学研究计划和重点研发计划项目首席科学家 5 人，国家杰出青年科学基金获得者 7 人，“万人计划”科技创新领军人才 3 人，国家优秀青年科学基金获得者 7 人；国家基金委创新群体 1 个(肿瘤生长和抑制相关信号转导的调控)，教育部创新团队 2 个。

学院拥有近 5 万平方米的教学科研用房和近两亿元的现代生物学实验仪器设备，形成了生物医学、分子细胞生物学、生物化学与分子生物学、寄生动物生物学、水生生物学和农业生物技术等富有特色的研究方向。

第一节 创办初期 名师荟萃

厦门地处物产丰富的亚热带南域，山海交汇，具有独特的生物研究优势。华侨领袖陈嘉庚先生创办厦门大学时，就计划兴办生物学科，以开发祖国山海资源。1922 年，学校延聘海内外著名学者来校，设立植物学、动物学两科；次年春，改名植物学系和动物学系，与数学系、物理系、化学系同属于理学部。1930 年夏，理学部改为理学院。1933 年秋，动物学、植物学两系合并为生物学系，下设动物学、植物学两组。

科系初建时，嘉庚先生就在校园临海高处兴建生物馆大楼(图 1-1)。此楼为花岗岩建筑，楼前铺设登门长石阶，气势十分宏伟，堪称校园一美景。1938 年此楼被侵华日军炸毁，1954 年嘉庚先生按原设计图纸重建。

图 1-1 建校初期的化学院(右)和生物院大楼(左)，两楼之间为植物园和温室

办学伊始，植物学、动物学两系教授立即制订计划，开设各门课程，建立实验室，成批采购欧美名厂生产的显微镜和其他实验仪器，并开展富有本国南方特色的生物标本采集与分类研究。各教授除亲自授课外，还定期带领采集小队，踏遍我国东部各省，北至烟台、青岛，南及海南、东沙，3 年内收集植物、动物标本达几千号。1926 年秋，生物馆大楼落成，特辟出二层专室，按进化历程陈列标本，供教学科研和对外开放科普使用。

植物学系首任系主任钟心煊教授(1922—1931 年在厦大任教，图 1-2)，在建系与植物标本采集方面出力最多。他辛勤筹划系务，多年讲授植物学基础课和专业课，课余指导植物标本的采集研究，并亲自随带标本历访美国大学博物馆，交流标本、交换种子、订正学名，与国际知名的哈佛大学阿诺德树木园等建立关系。经过几年努力，厦大植物标本馆收集了大量我国以及菲律宾、新加坡、马来西亚、日本、澳大利亚、美国等地主要品种的木材标本，其中包括美国加州赠送的直径达 30 m 的“世界爷”(*Sequoia gigantean*)巨树断面(图 1-3)。建系初期采集的植物标本已相当完备，其中经国际植物学权威签名鉴定的腊叶标本尤其可贵。20世纪20年代初，厦大植物标本馆馆藏之丰富，居我国诸校的前列。1990年，该馆被列入世界植物标本馆索引，代号Au（代表厦门大学生物学系植物标本室）。

图1-2　植物学系第一任主任钟心煊教授

图1-3　“世界爷”巨树断面，现存于台湾大学生命科学馆

动物学系建系时，设课、建实验室和采集动物标本同时进行。为发挥厦门大学濒临亚热带海洋、海洋生物种类繁多的优势，海岛生物区系研究与标本采集成为全系科研首要目标。

1923年，应聘来校任教的美籍动物学家莱德（S.F.Light，1922—1924年在校），在考察厦门海区动物分布时，发现厦门岛附近浅海沙质区盛产文昌鱼（*Amphioxus*）（图1-4）。文昌鱼是脊椎动物进化宗亲的活化石，渔场在世界海域十分罕见，然而同安刘五店渔民竟能大量捕捞，赖以为生计。1923年，莱德在*Science*（Vol.LⅧ，No.1491.pp.57-60）上发表了《厦门大学附近的文昌鱼渔业》一文（图1-5）。此文一出，厦门海区遂以盛产文昌鱼而著名，厦门大学也以研究文昌鱼而闻名于国内外学术界。

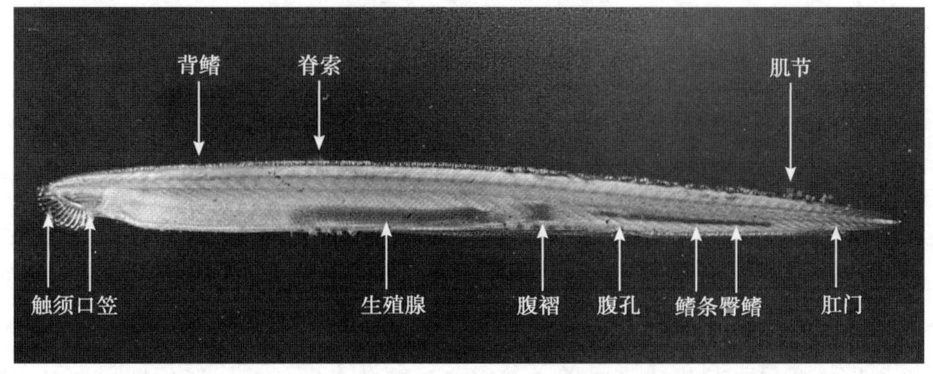

图1-4　文昌鱼（*Branchiostoma belcheri* Gray 1847，侧面观）

SCIENCE

图 1-5　美籍动物学家莱德 1923 年发表在 *Science* 上的论文

1925 年，著名动物学家秉志教授(1925—1927 年在校任教，后任中国科学院动物研究所所长)应聘来厦，1926 年任动物学系主任(图 1-6)。秉志教授与中华教育文化基金会及美国洛氏基金会有一定联系。在他的主持下，动物学系教学科研取得了显著进展。建系初期，厦门岛附近海洋动物的采集与分类研究、昆虫调查、中国白蚁种类研究等都取得很好成绩，鱼类标本搜集成为该时期的重大项目。此外，动物学系还附设有生物材料供应处，为教学实验和展览制作各种标本，并向国外供应，厦门文昌鱼标本因而遍供世界各学府。

图 1-6　动物系第一任主任秉志教授

生物学系开办早期，生物系向国外出版家洽购了大批教学书籍、专门科学著作以及生物科学史上的名著。由于生物科学发展迅速，教学用书多次更新，但早期购置的这些科学刊物和历史名著至今还珍藏在书库。其中值得一提的有：达尔文《物种起源》原著第 4 版，拉马克《动物界哲学》原著第 2 版，1873—1876《挑战者号航海考察科学成果报告》(共32卷),以及《动物学纪录》等书刊。有些书刊属于国内珍本,常有前来查阅者。

20世纪20年代先后来系任教的还有病理学家何博礼(R. Hoeppli)、许雨阶(O. K. Khow)等教授。许教授在校期间发表蠕虫学论文7篇,是我国寄生动物学研究的先驱。

在各位教授和教师的尽心教育下,动、植物两学系在20世纪二三十年代为国家培养了不少出色的生物学人才,如:伍献文(1927届),著名鱼类学家,中国科学院武汉水生生物研究所创立人、所长,中国科学院学部委员(中国科学院院士)(图1-7);薛万鹏(1927届),植物学家,出国深造后曾回校任教授、系主任;徐锡藩(1929届),著名寄生动物学家,赴德深造后先后在我校、北平协和医学院任教授;汤独新(1930届),著名鱼类学家,深造后曾回校任教;曾呈奎(1931届),著名海藻学家,中国科学院海洋研究所创立人、所长,中国科学院学部委员(中国科学院院士),曾任国际藻类学会主席(图1-8)。

图1-7　伍献文院士

图1-8　曾呈奎院士

1929年,陈子英博士到校任动物学教授,后兼任生物学系系主任、理学院院长。陈博士是世界遗传学泰斗摩根(T. H. Morgan)的首位中国籍弟子,学兼多科,教学科研成果丰硕。1930年,著名动物学家林绍文博士到校任教授,后兼任系主任。1931年,段续川教授来校主持植物学教研。此外,本系多名早期毕业生深造后也回校服务,教师阵容精英齐集、盛况空前。

1933年动物学系、植物学系两系合并为生物学系,陈子英教授任系主任,后因调任理学院院长,由林绍文教授接任系主任。合并为生物学系后,学科发展更为迅速。1933年太平洋科学协会年会报告中指出“厦门大学……其近海的生物馆和便于进行分类学、生物学、生态学等研究用的实验室和图书室,使该所大学可以与欧美诸优等海洋研究所媲美。……厦大植物组除搜集有众多的隐花植物外，其高等植物标本室也是国内规模最大的一个……”

图 1-9　1933 级毕业同学暨教职员工合影

1930 年，经数年酝酿，在陈子英、林文庆、秉志、丁文江等人的推动下，厦门大学生物馆举办暑期生物研究会，首期到会的中外学者达 25 位，取得丰富成果。

1930 年，中华教育文化基金会与美国洛氏基金会协同资助，与我校合作，在生物馆成立中华海洋生物学会（Marine Biological Association of China. MBAC）。

1935 年，太平洋科学协会海洋学组中国分会成立，在成立大会上，会议决定设立包括厦门海滨生物研究场在内的 4 个海洋学研究场，厦门海滨生物研究场后来定名为厦门大学海洋生物研究室。该室经协会海洋生物学组主任陈子英教授努力筹备，同年于生物馆成立。全馆有成员 7 位，分科开展研究。1936 年创办《海洋生物学集刊》（*The Amoy Marine Biological Bulletin*），发表研究成果，标志着我校海洋生物学研究的兴起。

1933—1936 年，生物学系与科研室、研究站制定规划，师生意气风发，赶潮汐、攀岩礁、访渔村、探荒岛，采集标本，为发展我国海洋科学艰苦钻研（图 1-10）。此时期科研成果丰硕，研究报告大量发表于校内外刊物上。除教师论文外，本科生毕业论文质量也大有提高，不少论文达到可发表水平。1933 届金德祥（毕业后赴岭南大学深造，后为本校教授）的毕业论文研讨文昌鱼生物学各方面，其文章在《菲律宾科学杂志》(*The Philippine Journal of Science*)刊登。1934届顾瑞岩(毕业后外出深造,曾在国内大学任教授,后在美国大学任系主任)的论文在美国学术会议上宣读。

图1-10　厦门大学第一期海上动物采集队(生物学系学生)

生物学系自1922年建立至1936年,如旭日东升,蓬勃发展。可惜1937年后形势突变,生物学系与国家民族共命运,步入艰辛历程。

第二节　艰辛历程　砥砺迈进

1937年,抗日战争全面爆发,厦门大学内迁长汀山城。生物学系安顿在长汀县孔庙的前廊,讲课、实验、野外考察采集等都照常进行。1938年开始,遵照教育部指示,生物学系学生除修读生物学各课程外,还必修数学、物理及4门化学课,生物学系因而成为大学学习面最广的科系。当时本系学生数不多,每届只有几人,然而师生及同学间的关系融洽,学习严谨,培养质量不受战时影响。

在科研方面,虽然战时经费断绝,教师科学研究和学生毕业论文仍坚持质量要求,尽力为地方解决问题。例如,当时长汀竹蝗成灾,稻螟滋生,地方性甲状腺肿病严重,疟疾流行,师生们就以此为课题展开研究,提供解决方案,取得很好的成果。

图 1-11 各学科应届毕业生在长汀合影

在长汀期间(1937—1946 年),陈子英教授任系主任,并亲自讲授多门主要课程。昆虫学家李琮池博士(1939—1943 年在校,1942 年兼代系主任)来校进行动物学、昆虫学各课程教学,并对长汀昆虫群落进行探研。细胞学家汪德耀博士(1943 年起任教授,曾兼任系主任、理学院院长、代理校长,1945 年任校长等职,图 1-12)来校主持生物学系系政,兼授细胞学、动物胚胎学等课。植物学家林镕博士(1944—1946 年任教授、系主任。后在北平植物研究所任研究员、所长,图 1-13)来校开设高等植物分类学、真菌学等课程。此外还有顾瑞岩校友返校任教,吴金声博士(1943 年)兼授动物生理学课,陈心陶博士开设细菌学课,为提高生物学系教研质量做出了贡献。

1944 年,根据教育部指令,为发展战后海洋生产产业,学校筹建水产研究室。在长汀期间,该室曾举行海洋生物公开展览一次,博得社会好评。返回厦门后,该室研究工作积极进行,并于 1948 年刊印专门研究论文,期名为"Amoy Fisheres Bulletin"。

图 1-12 汪德耀博士
1945 年任校长

图 1-13 林镕教授
1944—1946 年任系主任

1946 年学校从长汀迁回厦门，生物馆已被侵厦日寇毁为断瓦残垣。1946—1948 年，理学院四系蜷居囊萤楼先行复课，校长汪德耀教授暂兼生物学系主任，其后系主任由从海外回国的海洋生物学家郑重教授兼任。此时期内除原有教师外，来校执教的还有植物学家陈基教授（1946—1948 年）、鱼类学家李象元教授（1946—1949 年）以及校友金德祥教授（1947—1997 年）等。

复校期间，我系每届学生数量都比以前略有增加，自创办至 1949 年，生物学系累计为祖国培养了 61 名生物科学工作者。

图 1-14　被毁前的生物院大楼

图 1-15　1946 年，汪德耀校长与系主任到鼓浪屿新生院指导选课后在慈勤校舍留影

第三节 喜迎新潮 跌宕起伏

一、内迁龙岩与院系调整（1949—1952）

1950年，生物学系由汪德耀教授任系主任。1951年3月，理学院和工学院内迁龙岩县，生物学系也随同迁往龙岩白土镇。同年何景教授来系任教，植物学教研力量增强。11个月后，生物学系迁回厦门。

1952年院校调整，福建协和大学与华南女子学院合并，成立福州大学（后改称福建师范学院）。该校生物学系学生划归厦门大学，二、三年级学生来厦上课，四年级学生仍在原校完成大学课程学习，由厦门大学发放毕业证书。

二、学习苏联的教学改革（1952—1957）

生物学系的教学体系先是采用英国制，动物学、植物学分开设系；1933年改用美国制，设生物学系；1938年按美制扩充课程；1952年学习苏联模式，进行教学改革。

教改初期，生物学系建立中共党支部，牛万珍任书记。设动物学专业和植物学专业，并建动物学、植物学、海洋生物学3个教研组和生理生化教学小组。当时按苏联教学计划教学，增加教学实习和生产实习，采用苏联教材译本，以教研组作为教师教学与科研集体活动的单位。

1952年起，生物学系逐步采取“双轨制”，动物学专业学生在植物学方面只修普通植物学课，植物学专业学生在动物学方面只修普通动物学课，两专业分开进行教学实习和生产实习。

1954年，植物形态学家严楚江、赵竹韵两位教授来校任教。以严楚江教授为主任组成植物形态学教研组，在花果形态解剖方面进行系统研究，同年招收研究生1名（生物学专业）。

图 1-16　1955 年植物形态学教研组合影

植物学专业林汝昌副教授在带领学生赴南靖县和溪镇附近进行生产实习时，发现六斗山一带有一片密林，经过初次考察，获得了大量标本和植物群落的可贵资料。后何景教授进一步研究，探明这片密林是保存良好的亚热带雨林群落。此后，生物学系通过省科委呈请福建省人民政府，划定该林区为我省生态保护区之一。植物学专业也在该地建立科学考察站，开展一系列植物生态学的研究。1963 年 1 月，省政府批准该林区为厦门大学教学实习基地。

动物学专业生产实习由汪德耀教授带队，在连江小澳花蛤养殖场进行，随后又在广东汕头、福建龙海县西边社及白礁乡进行，收到理论联系实际、为生产服务的良好效果。

同时，张松踪副教授带领动物学专业部分师生，到龙海县紫泥乡金定村考察，发现该地鸭农有丰富的海滩牧鸭经验，并拥有高产蛋率的麻鸭品种，于是在该村建立实验站，进行蛋鸭优良品种选育和卵肉兼用型家鸭选育等工作。经过多年努力，选育出的金定鸭被列为优良蛋鸭品种，在全国推广饲养。

这期间，生物学系继续发挥其海洋生物学方面的优势。郑重教授积极开展海洋浮游动物的系列研究，金德祥教授开展海洋底栖硅藻的系统研究。汪德耀教授带头开设鱼类学课，后来成立鱼类学教研组，逐步开展鱼类学研究。汪德耀教授和黄厚哲副教授还进行以海洋动物为对象的实验生物学专题研究。1956 年，学校举办首次科学讨论会，生物学分组会提出论文报告 28 篇，是全系科研成果的一次总检阅。

毕业论文习作是生物学系的优良传统之一。1952 届及之后，虽然毕业生数量逐年增加，毕业论文指导工作繁重，但是历届学生都坚持进行毕业论文习作，论文均达较好水平。

1954—1956 年为生物学系稳定向上发展时期，全系师生政治素质、业务质量普遍提高，毕业生在各自本行工作中做出了贡献。

从 1951 年到 1955 年，回国定居的陈嘉庚征得其女婿李光前捐献巨款，进行厦大扩建工程，共建新校舍 24 幢，建筑面积 59057 m^2，使厦大建筑面积扩大了 1 倍。图 1-17 为竣工后的建南楼群，其中的成义楼为生物学系新的教学科研大楼，名生物馆。

图 1-17　建南楼群(最左侧大楼为生物馆)

三、坚守教学科研（1957—1966）

1957 年反右斗争扩大化之后，一段时期内以阶级斗争为纲的运动接踵而至，但生物学系仍坚持教改，力求进步。其中在历史上影响较大的成果有 4 项。

(一)重新振兴海洋生物学研究

在郑重、金德祥两位教授带领下，生物学系积极开展海洋浮游动物及硅藻的系统研究。1955 年招收研究生 5 名，分别由郑重(2 名)、金德祥(3 名)培养成才(图 1-18、1-19)，生物学系成为海洋浮游生物学教学科研的全国重点单位。该方向系列研究后来继续深入，鱼类学研究工作也积极开展。

图 1-18　郑重教授(右二)指导中青年教师做实验

图 1-19　金德祥先生(中)在实验室指导学生

1958 年以生物学系为基础,厦门大学与省科委协作筹办厦门大学海洋研究所。1959 年 8 月 24 日,达尔文《物种起源》名著首版发行一百周年纪念,海洋研究所在生物馆召开成立大会，这是现在自然资源部第三海洋研究所的前身。

（二）开展亚热带植物学研究

1958 年响应当时国家提出巴西橡胶树向北移植的号召，在何景教授带领下，厦大开始进行巴西橡胶树抗寒生理及栽培生态的基础研究。随后省科委与厦大合作，以巴西橡胶树研究为主题之一，筹设亚热带植物研究所，何景教授兼任所长；1961 年改名华东亚热带植物研究所，即现在的福建省亚热带植物研究所。1959 年，何景教授招收 2 名研究生，并组织力量与农垦单位协作研究，这项工作后来持续开展，取得多项成果。1982 年，杨汉金教授等参与的全国橡胶科研协作组成果“橡胶树在北纬 18—24 度大面积种植技术”获国家发明一等奖（图 1-20、图 1-21）。

发明证書

A 00240

为了表彰在科学技术现代化方面作出重大贡献的发明者，特颁发此证书，以资鼓励。

发明项目：“橡胶树在北纬18—24度大面积种植技术”

发 明 者：全国橡胶科研协作组

奖励等级：一等

奖章号码：00008

中华人民共和国

国家科学技术委员会主任 方毅

一九八二年十月

图 1-20　“橡胶树在北纬 18—24 度大面积种植技术”国家发明一等奖证书

图 1-21　何景教授(右三)带领学生观察橡胶树

1958 年,植物生理组王再生讲师受老农以月光花嫁接于甘薯砧木使薯块增大的启发,用月光花叶提取物喷施甘薯叶面,获得薯块增产的效果并探知月光花叶含有植物生长调节剂——月光花素(46 激素),随后开展一系列有关植物激素的科学研究。

(三)开办生物物理学专业

1958 年,黄厚哲副教授主持建立放射生物学测试站(本底站),为开办生物物理学专业建立基础。1959 年,生物物理学专业招收本科生 1 个班。1960 年开始进行放射核素在海水、淡水生态系统中的转移等系列研究。1961 年 2 月 21 日,法国在撒哈拉沙漠西部某地试爆核弹,18 天后放射尘随暴雨降落厦门岛被该站测知,这项工作在全国核能和平利用会议上受到表扬。1961 年,该专业开始招收硕士研究生 2 名,历届毕业生共计 19 名。1962 年生物物理学专业停办,已招本科生转至其他专业继续学习。

（四）兴起细胞生物学研究

在汪德耀教授主持下，设立细胞学科研组。1961 年招收研究生 2 名，从事动物细胞亚显微结构的基础研究，为后来建立教育部细胞生物学研究室奠定了良好基础。

1958—1966 年，“大跃进”年代及其后，生物学科发展，可谓有教训又有经验。各种运动频繁冲击教研业务，运动不时代替教学，其结果是学生得不到应有的学业培养，年轻教师得不到业务提升。尽管这样，在大家的努力下，生物学系在科研、研究生培养、科研新单位建立等方面仍有所进步。

以上这四个举措为国家和福建省的科学研究单位的布局和发展奠定了扎实的基础，做出了巨大的牺牲和贡献。

四、“文革”十年　另途探索（1966—1976）

1966 年“文革”开始，学校教研工作停顿。1970 年，部分教师下放到同安县五联村和西塘村举办培训班，为农民进行科普教育工作。同年 10 月分别在西塘村和校内举办动物学、植物学和微生物学三个“试点班”，由省内某些单位保送学员。1 年后试点班也回校上课。1972—1973 年，微生物学、植物学及动物学专业相继招收工农兵学员来校学习，并筹办微生物工厂（在前工学院旧址），工厂后因故停办。1975—1976 年与厦门市联合办学，在同安青年果林农场和厦大集美农场举办植物学专业“社来社去班”。1972 年，海洋生物学专业划归新成立的海洋学系。

1971 年，著名寄生动物学家唐仲璋教授牵头的寄生动物学研究室在厦大生物学系开展研究工作。此时植物学专业教师仍致力于月光花素的提纯与生物活力鉴定等研究，并与化学系协作成立“46 激素”科研会战组。1972 年，生物学系成立生物固氮科研组，翌年与化学系“化学模拟生物固氮”科研组一起参加全国固氮科研协作组，共同承担国家重点科研任务。

第四节　改革开放　迅速发展

一、重振旗鼓　迈步重越（1977—1990）

1977年生物学系恢复正常办学，牛万珍任系主任，颜松滨任党总支书记。是年，动物学、寄生动物学、微生物学3个专业共招收本科新生80多人。1978年分别由汪德耀、唐仲璋、黄厚哲等教授担任细胞生物学、寄生动物学、植物学3个研究方向的导师，招收了10名硕士研究生，加速培养师资及研究人才。

1980年唐仲璋教授（图1-22）当选为中国科学院学部委员（中国科学院院士）。

图1-22　唐仲璋院士

1978年，黄厚哲教授任系主任，牛万珍任党总支书记，大力推行一系列教学改革措施，认为生物学系教学改革应以普通生物学为起点，开拓视野，力求赶上世界先进水平，这得到当时国家教委高教司认同。黄教授亲自讲授普通生物学课，并编写教材，在全国交流推广。1979年获准增设生物化学专业，先后邀请海外华人学者丘才良、丘政夫、刘宗正、曾宗仁、牛满江等莅校讲学。1982年开始招收生物化学研究生，1983年获生物化学硕士学位授予权。

1984年秋，曾定副教授任系主任。杨振士任系党总支书记，继续深化教学改革，加强重点学科与专业的建设。除已有专业外，1985年开设细胞生物学专业，举办细胞生物学和寄生动物学两种助教进修班。1987年又开始招收生物学函授专修科学生，扩大办学层次。1988年动物学科（含细胞生物学和寄生动物学两个方向）经国家教委批准为我国高校重点学科之一（图1-23）。

图 1-23 动物学科获批为我国高校重点学科之一

在教学措施方面，逐步调整教学计划，推广学分制，实行三学期制，增加选修课：重视实验课技术训练，各专业于第 3 学年均进行 1 个月的生产实习；四年级还进行学年论文及毕业论文工作。加强外语教学，除一、二年级公共英语课外，三年级还开设专业英语课，四年级结合论文工作，指导学生学习外文文献查索和阅读；学生在 4 年中都有外语学习的内容，外语水平有所提高，在全国各大专院校英语统考，以及省、校多次英语考试和竞赛中都取得优异成绩。

为进一步提高教学质量，培养“四有”人才，生物学系提倡“勤奋、求实、和谐、向上”的学风与“自信、自强、艰苦奋斗”的系风。全系师生齐心协力，在教学、科研、后勤、思想政治工作各方面都有较大的长进。全系呈现积极向上、努力进取的蓬勃局面，学习风气紧张严肃，学习成绩不断提高，多次得到学校的赞扬。研究生录取率也逐步提高，1987 年达到全体毕业生的 43%。

科学研究工作方面，生物学系教师积极承担国家或省地市县及有关部门的科研项目。到 80 年代末共参加 250 余项科学研究，发表学术论文 300 余篇，获各级奖励成果 68 项，其中唐崇惕教授等的“胰脏吸虫的生物学及流行病学的研究”获全国科学大会科技成果奖(1978)。唐仲璋院士等的“阔盘胰吸虫及矛形双腔吸虫的生物学及流行病学研究”获国家自然科学奖三等奖(1982)，张松踪教授等的“金定鸭培育”获国家科技进步奖二等奖(1985)(图 1-24)，唐仲璋院士等的“中国动物志扁形动物门吸虫纲复殖目(一)”获国家科技进步奖三等奖(与中山医科大学合作，1987)，唐仲璋院士等的“福建省寄生虫病病原生物学及流行学的研究”获国家自然科学奖四等奖(1989)。王侯聪教授等的“优质水稻育种新方法”及由此育出福建省第一个优质、丰产的早籼稻新品种“佳禾早占”已在省内外推广；另有一批特大粒(千粒重 38～45 g)的新种质，经过鉴定收入国家种质资源库。此外还有多项科研成果，获得省、部级奖励，或列入《国家科学技术研究成果公报》，或经省级以上鉴定，或申请得到专利，或已在生产部门推广应用，为促进我国科技文化事业发展、加速经济建设做出了贡献。正式出版的著作和教材 23 部，其中黄厚哲教授的《生物学概论》获得国家教委优秀教材奖。

图 1-24　张松踪教授

根据国家教委有关“进一步发挥高校的社会职能，把科技成果转化为生产力，直接为经济建设服务”的精神，1985 年，福建省科委任命厦门大学生物学系承担编写福建省生物学科“七五”规划及后十年规划轮廓设想，该规划于该年 8 月审议通过。1988 年 3 月，生物学系成立科技开发领导小组，推动科技开发工作，提出一批科技开发项目。同时成立厦门大学科技开发公司园林绿化工程部，经厦门市建设委员会核定技术等级为一级，可承担一切园林绿化工程；1997 年与厦门景观工程公司联合成立厦生园林绿化工程有限公司。

为吸收国外先进科学技术，加强人才培养和交流，这期间先后有 R. L. Rausch（美国寄生虫学会主席），W.K.Chung（美洲华人生物学会理事长，得克萨斯州立大学肿瘤研究中心教授），C. L. Hew（加拿大多伦多大学生物化学教授）等国外著名专家、教授 20 余人来系任教或短期讲学，并与美国科学院院士 G. Sato 教授签订了联合培养博士研究生协议，由对方提供资助在美国进行博士论文研究工作，从 1988 年开始每年派出 1 至 2 名。与此同时，汪德耀教授多次赴美国、法国访问讲学，且于 1985 年被法国尼斯大学授予名誉博士学位。唐崇惕教授根据“美中高级学者交流计划”于 1986 年 6—8 月前往美国华盛顿大学、加州大学及加拿大麦克乔大学等校讲学、考察。黄厚哲教授应加拿大多伦多大学生物化学系邀请，于 1987 年冬前往进行合作科学研究。此外还先后派遣 26 名

图 1-25　1985 年 9 月 10 日生物系全体教工教师节合影

中青年教师到美、法、加、澳、南斯拉夫等国家做访问学者，开展科研学术交流，或攻读学位，学习深造。已回国的教师均成为学术骨干，在各自岗位上为我国教育和科学技术的发展贡献力量。

此时生物学系设有 5 个专业，即动物学、植物学、微生物学、生物化学、细胞生物学，学制均为 4 年，在学本科生约 320 人。此外，各专业还培养硕士研究生，细胞生物学、寄生动物学、海洋硅藻学及植物生态学 4 个方向培养博士生，由汪德耀、唐仲璋、林宇光、唐崇惕、金德祥、林鹏等 6 位教授任导师。在学硕士生近 70 名、博士生 6 名。10 年间培养出本科毕业生 763 名，硕士生 97 名，博士生 3 名，大部分在全国及本省各相关研究、教学及生产单位任职。

当时全系有教工 168 名。其中教授 13 名，副教授 30 名，讲师 64 名，助教 13 名，实验技术人员 38 名，管理人员 10 名。全系设有动物学、植物学、微生物学、生物化学、寄生动物学、细胞生物学及生物技术学等 7 个教研室，另有细胞生物学、寄生动物学、生物技术、生物固氮、海洋硅藻、家鸭生物学及植物生态学 7 个研究室，其中细胞生物学研究室与寄生动物学研究室为国家教委批准的研究室，各有 23 名专职科研及实验人员。

1985 年夏，化学系迁往新落成的化学大楼，原化学楼（南光楼）归生物学系使用（一楼东侧暂借海洋学系使用）。经调整安排，微生物学教研室、生物化学教研室、生物固氮研究室以及图书资料室、供应室、系办公室等迁到南光楼（生物二馆），其余单位仍留在成义楼（生物一馆）。用房紧张问题略得缓解。但“文革”期间毁损的玻璃温室和动物饲养房仍未得到复建。1986 年 5 月，集美地区占地 140 亩的厦大农场划归生物学系管理。

80 年代后期，学生党支部先后获评校、市、省先进党支部。

二、加快建设　迎接新世纪（1990—1999）

1991 年 12 月，杨汉金教授任系主任（至 1998 年夏），杨振士任系党总支书记（1984—1995 年），曾定教授任厦门大学肿瘤细胞工程国家专业实验室主任，并对国家教委肿瘤细胞工程开放研究实验室进行统一管理（至 1997 年秋）。1998 年夏彭宣宪教授任系主任，郑文竹教授兼任系党总支书记（1995—1999 年冬）。1997 年秋陈睦传教授接任肿瘤细胞工程教育部开放研究实验室主任（1997 年秋—2002 年春）。

1991 年唐崇惕教授（图 1-26）当选为中国科学院学部委员（中国科学院院士）。

图 1-26　唐仲璋院士、唐崇惕院士父女合影

1991年，系友陈宜瑜教授（图1-27）当选为中国科学院学部委员（中国科学院院士）。1995年，系友肖培根教授（图1-28）当选为中国工程院院士。1995年，陈宜瑜教授当选为中国科学院副院长。

图1-27 陈宜瑜院士

图1-28 肖培根院士

1991年6月，厦门大学肿瘤细胞工程实验室经国家计委批准，列为国家专业实验室，属我国“重点学科发展项目”之一，1993年12月国家教委批准其为开放研究实验室。1991年经国务院学位办批准，生物学（含植物学、动物学、细胞生物学）列为博士后科研流动站。1993年8月经国家教委批准，本科生物学专业建立国家理科基础科学研究和教学人才培养基地。同年新开设的生物技术专业也获得国家教委批准。1994年国务院学位办批授细胞生物学专业和分子生物学专业硕士学位授予权。至此，生物学系设有7个本科专业、6个硕士学位点、2个博士学位点和1个博士后流动站，已形成生物科学本科、硕士、博士、博士后完整的人才培养体系。

“八五”期间，生物学系以肿瘤细胞工程国家专业实验室为龙头，调动全系主要力量，加强建设，利用国家世界银行贷款经费45万美元，进口一批主要用于细胞与分子生物学科的最新仪器设备，同时引进一批优秀青年教师，明显推动了我系教学和科研事业的发展。

当时由于本科专业过多，全系本科专业课程有120多门，其中实验课达45～50门，师资、设备、经费过于分散，不利于教学质量的提高。为此，1994年起，集中力量办好生物学(生物学国家理科基础科学研究和教学人才培养基地)、生物技术、生物化学和微生物学 4 个本科专业,深入改革教学体系和课程内容。同时利用国家基础科学人才培养经费和学校的配套经费,建立现代生物学实验技术中心,分期分批重点建设生物化学、遗传学、细胞生物学、微生物学、植物生物学与植物生理学、动物生物学与动物生理学等六大系列实验室,整修动物标本室(新增恐龙蛋、熊猫等珍稀标本),建立系微机室,强化学生计算机技能训练。

利用国家教委基建专项经费,1991 年在校内植物试验园内建设玻璃温室 2 座(300 m^2),1993 年建设实验动物饲养房 1 幢 9 间(380 m^2)。1994 年,陈嘉庚外孙李成义先生亲临我系,商定维修成义楼和南安楼事宜;1995 年,陈嘉庚的曾女婿吴定基先生来我系,代表李氏基金会确定资助 600 万元,翻修改造两幢大楼(成义楼于 1995 年启动,南安楼于 1999 年夏启动)。1998 年利用学校配套经费新建药品仓库 1 幢 2 层楼(180 m^2)。这些设施的完善,育人环境的优化,大大改善了实验教学条件,增强了办学实力。

“八五”期间,生物学系共承担 79 项科研项目,其中“八五”国家科技攻关 1 项、国家“攀登计划”A 项目 1 项、国家自然科学基金 36 项、省自然科学基金 41 项。发表论文 252 篇,其中国外刊物 21 篇、全国性刊物 195 篇,出版专著、教材 11 部,其中汪德耀等的《普通细胞生物学》获国家教委优秀教材一等奖(1992)。

“八五”期间,生物学系教师参加国家学术会议和出国进行科研合作的有 29 人次,出国留学及访问 24 人次,来访的外国学者 22 人次。与美国、加拿大、英国、法国、澳大利亚、日本及我国香港地区等同行建立了广泛联系,进行了科研合作,联合培养博士研究生。

1992 年 1961 届校友、印尼 AIIM 集团董事长林学明捐资设立了“厦门大学生物学系林学明奖教金”,每年评选出 8 名左右在教学、科研工作上做出突出贡献的生物学系员工,授予此项奖励。1999 年系友设立周崇耀奖学金,1988 届系友设奖学金奖励品学兼优的学生。

1994 年 7 月,生命科学与生物技术列入厦门大学“211 工程”重点发展的学科领域,分子生物学列入拟建重点学科,同时学校确定“九五”期间成立厦门大学生命科学学院。1996 年 6 月国家计委、国家教委对厦门大学“211 工程”建设项目进行审定,我系“现代动植物生物学”重点学科建设项目获得批准。

图 1-29 林学明与 1961 届系友合影(前排左四)

“九五”期间继续深化体制改革,优化学科布局,建立了寄生动物学、细胞与分子生物学、现代生理生态 3 个实验室。购置激光扫描共聚焦显微镜、流式细胞分析仪、高效液相色谱系统、分子成像系统、生物质谱仪等一批先进的生物科学分析仪器,为开展具有特色和优势的有关现代动植物生物学前沿性及前瞻性的研究奠定了物质基础。

学科建设取得明显成效。1998 年,生物化学与分子生物学列为福建省重点学科。1999 年“教育部肿瘤细胞工程开放研究实验室”通过教育部认定并更名为“细胞生物学与肿瘤细胞工程教育部重点实验室”。1998 年,国家理科基础科学研究与教学人才培养基地生物学专业被评为全国五大优秀基地之一(排名第四,学生工作指标名列首位)。1998—1999 年每年获国家奖励 20 万元。“动物生物学”、“现代生物学实验技术”(相应教材上、下两册已由高等教育出版社分别于 2000 年和 2001 年出版)和“植物生物学”3 门课程列入国家教育部创名牌课程建设。1999 年,生物学系本科基础实验室建设经福建省评估为合格。1999 年,按照教育部关于本科专业调整的通知,我系本科专业调整为生物科学和生物技术两个专业。“八五”至“九五”期间,授予博士学位 30 人、硕士学位 120 人,博士后出站 8 人。

几年来教学质量继续提高。基地班学生的英语六级考试合格率约达 53%。研究生录取率约为 71.6%。学生获得了包括全国大学生“展望 21 世纪主题设计大赛"最高荣誉奖、全国最佳创意奖在内的多项校级、省级和国家级奖励。1991年，生物学系团组织获团省委授予的"福建省新长征突击队"的称号，1996级、1997级、1998级的基地班连续获评省先进班级(集体)。

"九五"期间，我系先后共承担国家、部、省各类基金项目68项，先后发表研究论文670篇，出版教材和专著8部。林鹏等的"中国红树林的环境生态和利用"获得国家科技进步奖三等奖(1996)。

三、生命科学学院成立　与时俱进(1999—2002)

1999年11月15日，生物学系和抗癌研究中心组建成立生命科学学院(图1-30)。彭宣宪教授任院长兼生物学系主任，司卓亚任党总支书记，生物学系不设党总支。2002年春，鲍仕登教授接任细胞生物学与肿瘤细胞工程教育部重点实验室主任。根据学校校院二级管理规定精神，生物学系在学院的直接管理下进行运作。

图1-30　生命科学学院揭牌仪式

学院成立伊始，率先在全校召开学院教职工代表大会。

按照第一届教职工代表大会通过的改革方案，在全校率先进行学院内部机构改革，实行行政后勤人员竞争上岗，取消教研室，成立研究所，设立理论教学部和实验教学部，实施大型仪器统一管理及使用制度，合理调整安排用房，实行资源共享。其中，成立专抓教学质量的理论教学部，建立独立于理论课的实验教学体系，实行教辅人员竞争上岗，教学仪器集中和重要资源共享等改革措施均走在全国前列。

2001 年，林鹏教授（图 1-31）当选为中国工程院院士，实现了我校和我院中国工程院院士零的突破。

图 1-31　林鹏院士

2000 年获生物学一级学科博士学位授予点，从而拥有植物学、动物学、生理学、水生生物学、微生物学、神经生物学、遗传学、发育生物学、细胞生物学、生物化学与分子生物学、生物物理学、生态学 12 个二级博士授权点学科和相应的 12 个硕士学位授权点。2001 年以优异成绩通过“211 工程”一期建设验收，其中大型仪器管理办法作为典型经验向全国介绍。同年，再次获得动物学重点学科，并增加生态学本科生招生专业。2002 年获批国家生命科学与技术人才培养基地（图 1-32），成为学校唯一具有 2 个国家人才培养基地的学院。

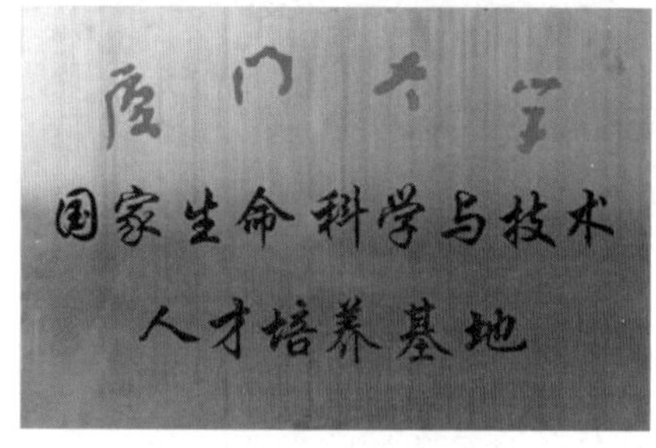

图 1-32　厦门大学国家生命科学与技术人才培养基地

在师资队伍建设方面，坚持引进和培养相结合，先后从国内外引进博士 23 人，教授 7 人、副教授 4 人。全院 87 名教学科研人员平均年龄 41.2 岁。其中两院院士 2 名，"长江学者"特聘教授 2 名。具高级职称的教师 2/3 以上具有国外学习经历，有 3 人具有在 *Nature* 和 *Science* 上发表论文的学术背景。经多年的努力，学院形成了一支知识结构优良、学历和年龄结构合理、教学科研并重的师资队伍。

在教学方面，教学经费得到较大增长，实验教学用房及教学仪器设备统一调配管理，资源共享，避免仪器设备重复购置，提高了教学水平、服务质量和管理效率，得到学校领导的重视。2001 年，学校批准在学院实验教学部的基础上成立学校生命科学实验中心，同时拨款加强对教学实验室、学生创新实验室和野外实习基地的建设。我院的本科生教学改革、教学管理、教学质量等方面达到国内一流水平，相关教学改革成果在国内产生了重要影响。"国家理科基础科学研究和教学人才培养基地"建设成果于 2000 年获得福建省教学成果一等奖，2001 年获得国家优秀教学成果二等奖。2002 年，由陈小麟等编写的《动物生物学》被列入国家"十五"教材。

在科研方面，科研经费逐年增加。2000 年和 2001 年到位科研经费均在 1000 万元左右。科研论文数量也逐年增加，2001 年达 151 篇，特别是 SCI (Science Citation Index，科学引文索引)论文达 26 篇。发表刊物的影响因子亦明显提高，与国外合作发表的论文影响因子最高达 15，我院教师独立发表的论文影响因子最高达 6.3。2000 年获省部级科技进步奖 4 项(其中一等奖 1 项、二等奖 1 项、三等奖 2 项)。2001 年，夏宁邵等的"艾滋病毒重组抗原及第三代艾滋病毒抗体 EIA 诊断试剂盒的研制"获国家科技进步奖二等奖。此外，还获国家医药 2 级药证 2 项。学院在全国重点高校最先购进生物质谱仪，为后基因组研究建立了一个重要平台。在继承和发扬前辈创建的动植物生物学和亚热带滨海生物研究的特色和优势学科的基础上，在分子生物学、蛋白质组学、功能基因组学、高等植物受精机理、转基因植物等方面的研究也取得可喜进展。承担了国家"863 计划"项目 9 项，"973 计划"子项目 2 项，国家攻关项目 1 项，科技部转基因专项 1 项，国家自然科学基金重点项目 1 项、重大课题子项目 1 项，国家杰出青年科学基金 1 项，国家自然科学基金面上项目 24 项，省部级重点和面上项目

79项。

在人才培养方面，学生招生规模有较大增长。在校生发展到683人，其中本科生459人，硕士生181人，博士生43人（其中海外留学生1人）。另有博士后11人（其中海外留学生1人）。本科生生源质量、一次就业率（2001年为94.8%）和考取研究生升学率（2001年为51.2%）逐年提高。连续三年进入校运动会业余组前三。2000年，以生物学系科研成果为技术的创业计划项目获第二届“挑战杯”全国大学生创业计划大赛铜奖1项，省银奖1项、铜奖2项。

在学术交流方面，学院生物学系“九五”期间与新加坡国立大学生物学系和清华大学生物科学与技术系建立了三系长期合作关系，定期派人前往新加坡进行短期学习，扩大了国内外校际交流。先后主办或承办6次国际和区域学术交流会议，共有58人次赴国外参加学术会议、开展合作研究、进修、讲学等。先后邀请国内外60余人来学院举行学术讲座。

2002年10月，生物学系举行了建系80周年庆典暨汪德耀教授百年诞辰学术研讨会（图1-33）。

图1-33　2002年10月生物学系举行建系80周年庆典暨汪德耀教授百年诞辰学术研讨会

福建省人民政府

贺　信

厦门大学生命科学学院生物系：

值此你系举行八十周年系庆暨纪念汪德耀教授诞辰一百周年学术研讨会之际，谨向全系师生和与会代表致以热烈祝贺。希望你们以江总书记“三个代表”重要思想为指导，认真贯彻落实党的基本路线和教育方针，继承和发扬老一辈科学家严谨科学的治学精神，努力培养高素质人才，为加快推进福建的改革开放和现代化建设做出新的贡献。

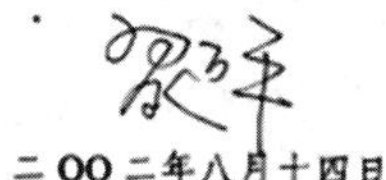

二〇〇二年八月十四日

图 1-34　时任福建省省长习近平贺信

第五节　构筑平台　汇集人才

一、科学规划　稳步发展（2003—2005）

2003 年，设立中共厦门大学生命科学学院委员会，司卓亚任党委书记，林圣彩教授任院长。新一届学院党政领导实施“人才与平台强院”战略。

学院党委高度重视人才队伍建设，通过“培引并重”提高师资队伍水平和层次，初步建成一支知识、学历、年龄结构较为合理的教学科研师资队伍。

学院工作和学习条件整体改善。构建分子细胞生物学研究平台、实验动物中心、结构研究平台、药物研究平台、生物信息平台、网络设施等基础平台设施。新建南靖和溪南亚热带雨林实习基地住房和动物标本馆，更新实验教学仪器设备以为之后申报国家生物实验教学示范中心奠定基础。大型仪器设备总值大幅度提高，并实现了集中管理、全天候开放和共享。生物科学大平台的完善大幅促进了细胞与分子生物学、肿瘤生物学、分子免疫学、结构生物学、植物分子遗传学等学科的发展及科技创新实力的提高。

2004 年,动物学国家重点学科顺利通过评估。在生物化学与分子生物学的基础上,又新增加细胞生物学、生态学、微生物学 3 个福建省重点学科。新增福建省医学分子病毒学研究中心。2005 年,新增国家传染病诊断试剂与疫苗工程技术研究中心(图 1-35、图 1-36)。

图 1-35　国家传染病诊断试剂与疫苗工程技术研究中心

图 1-36　国家传染病诊断试剂与疫苗工程技术研究中心工作人员合影

学院的教学改革得到了国内生物学同行的广泛关注和支持。2003 年,由教育部生物学教学指导委员会主办、学院承办的全国理科生物学基础科学人才培养基地实验教学改革研讨会,对全国高校生物学实验教学改革产生了积极的影响。2005 年,"生物学本科实验教学体系改革与实践"项目获国家教学成果一等奖。此外,学院在非生物学类本科生生物学教育等方面的工作成果和经验在全国范围内具有明显的辐射与示范作用。2005 年,"非生物类本科生生物学教学的研究与实践”项目获得国家教学成果二等奖(校际合作)。同时,博士研究生和硕士研究生培养规模有较大增长。

“十五”期间,学院科研经费和SCI论文数量均超过规划指标。科研到位经费超亿元,发表SCI、EI(Engineering Inder,工程索引)论文275篇,与国内著名高校的学术水平差距显著缩小。

举办3次国际性学术研讨会,选派教师50多人次出国访问和合作研究。与美国、新加坡、加拿大、日本、英国、德国、荷兰、匈牙利等国的大学和科研机构建立密切合作关系。2004年,学院与新加坡国立大学生物学系、厦门大学医学院共建生物医学科学开放实验室。2005年,学院与新加坡国立大学生物学系、清华大学生物科学与技术系建立长期合作关系,在实质性的科研合作和人才培养方面奠定了扎实的基础。

二、发挥效应　全面提升(2006—2010)

“十一五”期间,学院教学、科研、社会服务等方面全面提升。

2007年8月,刘梅任学院党委书记。2008年1月,林圣彩教授续任院长。学院党政领导班子坚持“全面提高,重点突破”,努力实现建设国内有较大影响的从事生命科学研究型人才培养和科学研究中心的奋斗目标。

2007—2009年教育部第二轮评估中,我校生物学一级学科排名一举跃升8位,位列全国第8名。动物学国家重点学科以“优”的成绩顺利通过教育部的考核评估。新增细胞生物学、水生生物学两个国家级重点学科。微生物学、生物化学与分子生物学、生态学等福建省重点学科继续得到发展。新增国家传染病诊断试剂与疫苗工程技术研究中心、滨海湿地生态系统教育部重点实验室(筹)、分子诊断教育部工程研究中心(筹)、转基因/基因敲除技术平台、动物代谢研究平台、蛋白质三维结构研究平台和结构信息学研究平台等。

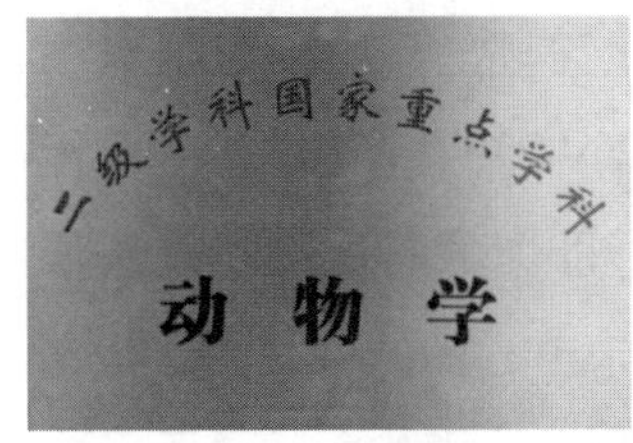

图1-37 动物学

图1-38 水生生物学

图1-39 细胞生物学

“十一五”期间，学院继续实施“引培并重”的人才队伍建设方针，引进 19 名教授、18 名副教授和助理教授。一批具有全球视野、精深知识和创新精神的人才汇聚于生命科学学院。

硕士研究生和博士研究生招生规模逐步超过本科生招生规模，实现了从教学型学院到研究型学院的转变。

本科生人才培养扎实推进“本科教学质量与教学改革工程”建设，教学成效显著。包括首批生命科学国家级实验教学示范中心、生物学基础课国家级教学团队、生物科学国家级特色专业、3 门国家级精品课程（“现代生物学实验”“动物生物学”“生命科学导论”）、2 门国家级双语教学示范性课程（“生物化学”“细胞生物学”）、2 名国家级教学名师，“依托学科优势的生物科学专业改革与实践”项目获得国家级教学成果奖二等奖，《生态学》教材获评教育部普通高等教育精品教材。5 年间，结合人才培养基金科研训练及大学生创新性实验计划项目，全院有 55％以上的本科生进入科研实验室参与科技创新活动，学生的科研综合素质得到显著提高。2010 年，生物学科入选“教育部基础学科拔尖学生培养试验计划”。

研究生人才培养机制改革逐步推进。学院通过研究生课程体系改革，切实提高研究生的科研能力，规范和完善研究生招生、培养、学位授予等具体环节，制定及完善相关制度。2009 年，在全校率先实行研究生奖、助学金制度改革，为研究生学习和科研提供物质保障，激发研究生的学习积极性。研究生发表影响因子 5.0 以上的 SCI 论文比“十五”期间增长了 4 倍。2 名博士生获“卢嘉锡优秀研究生奖”，1 名博士生获“教育部学术新人奖”。

“十一五”期间，学院科研经费逐年递增，远超规划目标，共到位科研经费约 3.06 亿元。学院共承担各级各类科研项目近 500 项，其中国家基金重点项目 10 项、国家基金面上项目 95 项、“973 计划”及重大研究计划首席项目 3 项、子课题项目 12 项、“863 计划”项目 19 项、国家基金创新群体基金 1 项、国家杰出青年科学基金项目 1 项、国家海洋局公益性科研专项首席项目 1 项。这些项目实现了学院科研项目多个零的突破。

学术论文在质和量上也得到持续提升。“十一五”期间共发表第一责任单位 SCI 论文近 700 篇，其中影响因子 10.0 以上的论文 10 篇，分别发表在包括

Science、*Nature Cell Biology*、*Nature Chemical Biology*、*Genes & Development* 和 *Lancet* 等国际权威刊物上。

学院积极开展对外交流合作，着力提升国内外竞争力和学术影响力。与新加坡国立大学生物学系、美国犹他大学系统与整合生物学研究中心、德国萨尔大学医药生物技术研究所建立了长期合作关系。与台湾大学生命科学院、台湾清华大学生命科学院及台湾实践大学民生学院签订了学术交流合作协议。其中，与新加坡国立大学生物学系共建的生物医学科学实验室于 2006 年入选首批由教育部、国家外国专家局联合实施的“高等学校学科创新引智计划”。一些教授还与国外知名教授共同开展课题研究，合作申请国内外基金，取得合作成效。主办或承办大型国际及区域学术会议 7 次，扩大了国内外影响力，提升了对外交流合作层次。

依托专业优势，学院积极与企业、地方政府、科研院校各方开展广泛的合作研究，积极推进成果转化和产业化。国家传染病诊断试剂与疫苗工程技术研究中心承担甲型流感 H1N1 和禽流感 H5N1 研究等多项国家应急任务，取得了突出成果，成为国家传染病诊断试剂产业技术创新战略联盟牵头单位。为北京万泰生物药业股份有限公司等多家公司提供研发技术支持服务；研制出世界上第一个完成Ⅲ期临床试验的戊肝疫苗、我国第一个宫颈癌疫苗；并促成养生堂公司在厦门投资建立疫苗研发基地。水稻遗传育种课题组与福建省种子总站、厦门市农业局等单位合作进行优质水稻新品种的选育与开发，与厦门好年东米业有限公司合作开发与推广优质稻品种“佳辐占”，该品种累计推广 650 多万亩。

三、乔迁校区　争创一流（2011—2015）

“十二五”期间，因应生物学科迅猛发展的新形势，厦门大学生命科学学院迁址翔安校区，书写走向世界、争创一流的新篇章。全院教职工凝心聚力实施“十二五”发展规划——把厦门大学生命科学学院建设成为世界知名的高水平的生命科学人才培养和科学研究中心。2011 年 8 月，黄田任学院党委书记。

2012 年，生命科学学院列为首批整建制搬迁到翔安校区，教学科研面积从原有的 2 万多平方米拓展到 4.75 万平方米，新院楼的投入使用解决了长期困扰学院快速发展的办学空间不足这一最大问题。

同年 12 月 16 日，学院在厦门大学科艺中心举行了生物学科成立 90 周年庆祝大会，800 多名校友、嘉宾和学院师生欢聚，共庆学院生日，共同谋划学院发展。16 日下午，还在厦门大学翔安校区举行了生命科学学院乔迁庆典，举办了校友种植纪念树、参观生命科学学院实验室和科研平台建设情况等活动（图 1-40，图 1-41）。广大校友和各界友人共襄盛典，人民网、中国新闻网等国内十几家主流媒体做了专题报道，反响热烈，得到了海内外校友和社会贤达的关心和大力支持。

图 1-40　生命科学学院乔迁庆典

图 1-41　生物学科成立九十周年海内外嘉宾校友合影

2013 年 1 月，陈光任学院党委书记。3 月，学院召开第三届教职工代表大会，与会代表围绕“加快学院科学发展、跨越发展”主题进行了深入讨论，明确全体生科人将生命学科建设成为厦门大学的支柱学科、一流学科作为共同价值追求，形成了党委领导、行政支持、工会运作、教职工参与的工作机制。

“十二五”期间，学院科研成就频传喜讯。2013 年 12 月 19 日，韩家淮教授(图 1-42)当选中国科学院院士，韩家淮教授团队喜获国家自然科学奖二等奖；同年，由科技部基础研究管理中心组织实施的“2012 年度中国科学十大进展”评选揭晓，林圣彩教授课题组在“揭示营养匮乏引发细胞自噬的分子机制”方面的研究成果与“神舟九号和天宫一号对接”等其他九项成果共同入选，林圣彩教授入选 2013 年国家“百千万人才工程”；吴乔教授课题组的科研成果“孤儿受体 TR3 通过信号转导通路抑制肿瘤细胞生长的新机制”获得 2012 年度福建省自然科学奖一等奖，这是该年度唯一一项自然科学奖一等奖。

图 1-42 韩家淮院士

五年来，学院深入探索教学育人改革体系，为取得人才培养新成效，与中国科技大学、浙江大学签署共建“细胞生物学协同创新中心”协议(图 1-43)，举办首届大学生暑期夏令营，生源质量得到提升。2013 年召开本科教学改革专题会议，正式启动新一轮本科教学改革，至此拉开了教学育人体系改革的大幕。2015 年，在全校率先开展博士生中期考核工作。学院开创了联合培养拔尖人才的创新之举，在诺贝尔生理学或医学奖获得者布鲁斯·博伊特勒(Bruce Beutler)教授倡导下，2015 年 1 月，博伊特勒书院在学院正式揭牌成立(图 1-44)，走出了一条国际化科研人才培养的创新之路。

图 1-43　细胞信号网络创新协同中心

图 1-44　博伊特勒书院揭牌仪式

五年来，学院坚持“全面提高，重点突破”的学科建设原则，凝练学科方向，构筑学科平台。2011 年 4 月，在原细胞生物学与肿瘤细胞工程教育部重点实验室和福建省癌症生物学重点实验室基础上申请建设的细胞应激生物学国家重点实验室获得科技部立项，并于 10 月份正式通过审核并获批建设。2011 年 11 月，滨海湿地生态系统教育部重点实验室顺利通过教育部验收（图 1-45）。2013 年 10 月，药物创新省级平台福建省药物工程实验室获国家发改委批准升级为天然产物源靶向药物国家地方联合工程实验室。这极大地促进了我校在创新药物开发领域的发展，大力推进了福建省及海西经济圈天然产物源靶向药物产业化的发展进程。2014 年 7 月，生命科学学院成立实验服务中心，实行大型仪器集中管理、全天候开放共享的管理模式。

图 1-45　滨海湿地生态系统教育部重点实验室验收会议

五年来一系列的改革创新使学院人才培养再上新台阶。通过深化本科生课程体系改革，完善人才培养模式、教师队伍、教学方式、教学管理等环节，为学生构筑合理、系统和科学的知识体系与能力结构。加大在实践教学、“挑战杯”竞赛、科研训练、开放性实验、社会实践等方面的投入并鼓励教师积极参与指导。实施“基础学科拔尖人才培养实验计划”，量身打造、重点培养适应现代化需求的拔尖创新人才。获评国家级精品资源共享课 2 门、国家级教学成果奖二等奖 1 项，入选“国家生物学基础学科拔尖学生培养实验计划”。坚持培养创新型人才，推进研究生招生机制改革，着力改善生源结构，提升研究生生源质量。2013 年开始举办优秀大学生暑期夏令营活动，并选派知名教授赴国内知名院校进行招生宣讲，吸引优秀大学生推免至本院攻读研究生学位；试行博士生招生考试制度改革，博士统考生招生考试试行“申请—考核制”选拔办法；开始招收直博生。2015 年开始试行研究生招生考试制度改革，硕士研究生按生物学一级学科招收；开始在暑期夏令营之后举办暑期科研实践活动。深化研究生培养机制改革，提高研究生培养质量。2014 年修订研究生培养方案，进行研究生课程教学改革。加强“学术报告与学术讲座”管理，重点建设“Journal Club”课程，强化博士生中期考核环节。此外，学院开始实行博转硕或退学退出机制，实行研究生转导师制度。2015 年 9 月，学院在全校率先出台了《厦门大学生命科学学院关于博士生中期考核的规定》，对博士生中期考核的方式、评委组成以及不合格比例等进行了全面规定。学校研究生院要求其他学院参照生科院制订各自的博士生中期考核办法。在一系列的改革措施下，研究生培养取得一定成效。2 名博士生获 2012 年度教育部博士研究生学术新人奖，1 名博士生获第八届中国青少年科技创新奖和 2014 年华人生物学在读博士生最高奖项——吴瑞奖学金，1 篇博士学位论文获 2013 年全国百篇优秀博士学位论文提名奖。

五年来，学院坚持国际化战略，大力推动学术交流与境外合作。2011 年，在国家自然科学基金委的资助下，联合新加坡国立大学、清华大学成功发起并主办厦门冬季学术会议，力求将厦门冬季学术会议打造成一个具有国际影响力的高端学术平台。获教育部、国家外国专家局支持建设生物医学科学学科创新引智基地和细胞应激生物学创新引智基地。与美国得克萨斯州立大学西南医学中心、美国斯克利普斯研究所、美国国立卫生研究院、新加坡国立大学等国际一流高校和研究机构联合培养博士生，开展国际合作项目，共同发表论文。充分利用与台合作交流的地缘优势，加强与台湾大学、台湾清华大学、长庚大学等台湾高校的交流与合作，开展联合培养、短期访学、暑期学校学习等形式多样的交流活动，师生互访近 100 人次。

“十二五”期间，学院高水平科研成果取得了较大突破。共发表 SCI 论文 500 余篇，较“十一五”期间同比增长 6.7%，发表 *Cell*、*Nature*、*Science*（合称 CNS）等三大刊物及其子刊论文数同比增长 350%；累计承担科研项目 358 项。“肿瘤生长和抑制相关信号转导的调控”国家创新群体在基金委三年评估中获评优秀。“细胞能量代谢稳态与疾病研究”创新团队成功入选科技部“重点领域创新团队”（图 1-46）。形成了具有国际竞争力的免疫学、代谢生物学、肿瘤细胞生物学、结构药物生物学和寄生病原虫等研究团队。

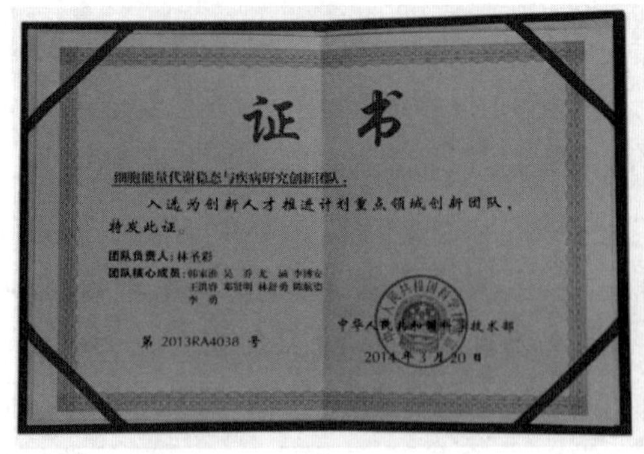

证　书

细胞能量代谢稳态与疾病研究创新团队：

入选为创新人才推进计划重点领域创新团队，

特发此证。

团队负责人：林圣彩

团队核心成员：

第 2013RA4038 号

中华人民共和国科学技术部

2014 年 3 月 20 日

图 1-46　林圣彩领衔的“细胞能量代谢稳态与疾病研究”创新团队入选科技部“重点领域创新团队”

2013 年 9 月，国际著名期刊《自然综述——分子细胞生物学》(*Nature Reviews*：*Molecular Cell Biologg*)发表文章聚焦中国分子细胞生物学领域发展状况，厦门大学作为该领域的杰出高校代表上榜，这表明我院生物学一级学科已具备国内一流、国际知名的研究实力，并在细胞应激信号转导和细胞能量代谢研究方面具有世界一流的研究水平。韩家淮教授课题组在细胞程序性坏死分子机制及其生理学功能相关研究工作处于国际领先地位，并引领国际细胞程序性坏死领域研究的快速发展；林圣彩教授课题组率先阐明了细胞在生长因子缺乏条件下启动自噬的分子机理，该成果入选 2012 年度"中国科学十大进展"；吴乔教授课题组从细胞信号转导入手，研究重大疾病中的重要分子功能，发现能够治疗疾病的药物靶点和潜在的小分子药物。

学院依托科研优势，围绕海西科技创新和产业发展需求，加强服务项目对接。国家传染病诊断试剂与疫苗工程技术研究中心科研团队自主研制的戊肝疫苗"益可宁"入选 2012 年度"中国十大科技进展"，自主研制的国家一类新药"宫颈癌疫苗"完成Ⅲ期临床研究接种工作，启动尖锐湿疣疫苗Ⅰ期临床研究，艾滋病、乙型肝炎、丙型肝炎、手足口病系列诊断试剂等由合作单位完成产业化。天然产物源靶向药物国家地方联合工程实验室致力于创新药物的前期基础研究和产业化转化研究，与多家生物公司签署合作协议，积极合作，共享小分子化合物库，开展产学研合作及成果产业转化。分子诊断教育部工程研究中心与厦门致善生物科技有限公司合作，开发出遗传、肿瘤、传染病方面的系列检测试剂，并获得多个由国家食品药品监督管理局颁发的医疗器械注册证书。水稻遗传育种课题组与福建省种子总站、厦门市农业局等单位合作选育与开发优质水稻新品种，其中，"佳辐占"和"佳早 1 号"在福建省分别推广 249.41 万亩和 38.01 万亩，与厦门好年东米业有限公司联合开发"佳辐占米""状元米"等 4.75 万吨。

四、紧抓机遇　敢为人先（2016—2020）

"十三五"期间，厦门大学生命科学学院与时代和国家同步，全面推进双一流建设，抢抓机遇，迈入新的发展阶段。

2015 年 10 月，国务院印发《统筹推进世界一流大学和一流学科建设总体方案》。2016 年 2 月，教育部印发《教育部 2016 年工作要点》的通知，要求加快世界一流大学和一流学科建设。学院紧抓“双一流”建设契机，重点建设免疫学、代谢生物学、肿瘤生物学等优势学科，巩固植物学、微生物学、水生生物学等传统学科，扎实推进一流学科建设。在全国第四轮学科评估中，本院生物学学科获评A－，学科整体水平在所有参评高校（161 所）中位列前 5%～10%（第 9～16 位）。2017 年，生物学入选国家“双一流”建设学科名单（图 1-47）。2018 年新增分子生物与遗传学、微生物学、药理与毒理学 3 个 ESI 学科进入全球前 1%。截至 2020 年 4 月，厦门大学有 17 个学科进入 ESI 全球前 1%，其中与生命科学学院紧密相关的有临床医学、分子生物与遗传学、生物与生物化学、环境与生态学、植物与动物学、微生物学、药理与毒理学、农学等 8 个学科。

学院党委按照“一流党建引领一流建设”的思路，充分发挥党委领导的核心作用，推进各项事业高质量发展。2016 年 6 月，学院党委获“全省先进基层党组织”表彰。2018 年 8 月，学院生物医学科学系党支部书记工作室入选教育部办公厅首批全国高校“双带头人”教师党支部书记工作室建设名单。同年 12 月，教育部公布了新时代高校党建示范创建和质量创优工作评审结果，学院党委入选首批“全国党建工作标杆院系”培育创建单位。

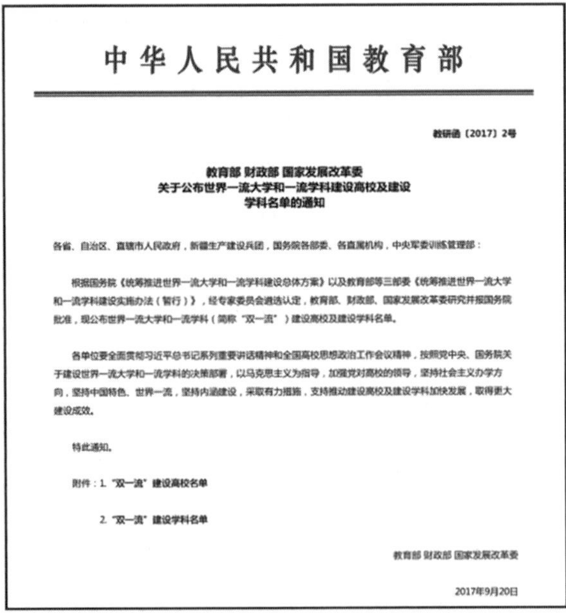

中华人民共和国教育部

教研函〔2017〕2号

教育部 财政部 国家发展改革委
关于公布世界一流大学和一流学科建设高校及建设
学科名单的通知

各省、自治区、直辖市人民政府，新疆生产建设兵团，国务院各部委、各直属机构，中央军委训练管理部：

根据国务院《统筹推进世界一流大学和一流学科建设总体方案》以及教育部等三部委《统筹推进世界一流大学和一流学科建设实施办法（暂行）》，经专家委员会遴选认定，教育部、财政部、国家发展改革委研究并报国务院批准，现公布世界一流大学和一流学科（简称“双一流”）建设高校及建设学科名单。

各单位要全面贯彻习近平总书记系列重要讲话精神和全国高校思想政治工作会议精神，按照党中央、国务院关于建设世界一流大学和一流学科的决策部署，以马克思主义为指导，加强党对高校的领导，坚持社会主义办学方向，坚持中国特色、世界一流，坚持内涵建设，采取有力措施，支持推动建设高校及建设学科加快发展，取得更大建设成效。

特此通知。

附件：1.“双一流”建设高校名单

2.“双一流”建设学科名单

教育部 财政部 国家发展改革委

2017年9月20日

图 1-47　生物学入选一流学科建设

“十三五”期间，学院继续深入推进教育教学改革。建立“学院—教学部—课程组”三级教学管理体制，积极推动“双万”课程建设项目，践行创新驱动发展战略，在教育教学领域取得了丰硕成果。教学改革项目“博伊特勒书院——生命科学拔尖人才培养体系的构建与实践”荣获2018年国家高等教育教学成果奖二等奖。2018年，细胞生物学团队入选首批全国高校黄大年式教师团队（图1-48）。周大旺、左正宏、李勤喜入选高等学校教学指导委员会委员。生物医学教学团队获得福建省本科教学团队（教学科研型）。教育部审核评估专家对学院本科教学工作给予高度评价。学院积极思考和扎实推进“拔尖人才”培养工作，探索“协同中心”高校在学生培养与科学研究方面有机结合的体制，在国内高校同行中发挥重要示范作用。

图1-48　入选首批全国高校黄大年式教师团队的细胞生物学团队部分教师合影

学院积极推进研究生创新型人才培养，搭建高水平博士生学术研讨交流平台，促进生命学科的对外合作与交流。2018年成功举办生命科学学院首届博士生学术论坛，次年该论坛邀请台湾长庚大学与新加坡国立大学生物学相关专业的博士生加盟，有效促进了海峡两岸及中新两国生命科学领域研究生的学术交流。2019年，生命科学学院、细胞应激生物学国家重点实验室与吴瑞基金会共同举办第11届吴瑞纪念学术研讨会。大会邀请了历届吴瑞奖学金获得者、海内外生命科学领域顶尖科学家出席，为学院师生接触世界科研前沿、融入国际一流学术群体创造了优越条件。

2019 年，细胞应激生物学国家重点实验室获批国家留学基金委创新型人才项目。该项目的国外合作院校包括新加坡国立大学、美国斯克里普斯研究所、美国西南医学中心、美国加州大学伯克利分校和比利时布鲁塞尔自由大学等 5 所国际知名院校，学院师生可通过该项目赴合作院校进行公派访问或联合培养。

"十三五"期间(2016 年—2020 年 7 月)，硕士研究生和博士研究生每年招生规模分别稳定在 160 人和 65 人左右。通过暑期夏令营、暑期科研实践活动和推免面试录取的推免生明显增加；直博生数逐年增加至每年 10 人左右。1 项成果获得 2016 年中国学位与研究生教育学会研究生教育成果奖二等奖。

"十三五"期间，学院继续推进国际化战略，深化对外学术交流与合作。截至 2020 年 7 月，厦门冬季学术会议已成功举办 10 届，在国内外逐渐产生了良好的声誉。生物医学科学学科创新引智基地进入首批"111 计划 2.0"，细胞应激生物学创新引智基地继续获得"111 计划"资助，组织器官再生修复与大小调控学科创新引智基地入选"111 计划"培育项目，为推进我院双一流建设提供了助力。

学院对台合作稳步推进，通过举办海峡两岸大学生生物知识竞赛以及研修实习、暑期交流项目、短期考察等，深入拓展与台湾多所高校的全方位合作，实现两岸院际师生互访达 164 人次，构建常态化的两岸青年学子交流示范平台。

2016—2020 年，学院深耕卓越科研战略，科学研究展现新实力，科研立项再创新高，高质量学术论文发表数量呈现持续增长。以第一作者/通讯作者署名单位发表 SCI 论文 500 余篇，其中 *Cell* 1 篇，*Nature* 2 篇，CNS 子刊 45 篇，影响因子大于或等于 10.0 的论文 67 篇。新增科研课题 300 余项，其中科技部国家重点研发计划项目 4 项(含青年科学家项目)、国家自然科学基金重大研究计划(重点支持)项目 2 项、国家自然科学基金重点项目 5 项、国家自然科学基金促进海峡两岸科技合作联合基金 5 项。合作成果"近海赤潮灾害应急处置关键技术与方法"荣获国家技术发明奖二等奖，"细胞炎性坏死机制"方面研究成果入选 2015 年度"中国生命科学领域十大进展"，"细胞感应葡萄糖水平并调控代谢的分子机制"研究成果入选 2017 年度"中国生命科学十大进展"，2 人荣获首届全国创新争先奖，1 人荣获 2015 年度福建省科学技术重大贡献奖，2 项研究成果获福建省自然科学奖一等奖。

学院以国家级、省部级研究平台为依托，坚持"顶天立地"原则，服务国家和区域经济社会发展，已在分子诊断、靶向药物研发等科研成果转化中取得了令人瞩目的成绩。国家传染病诊断试剂与疫苗工程技术研究中心科研团队自主研制出的首个国产第一代二价宫颈癌疫苗(HPV 16/18)完成临床试验并申报上市;首个国产第二代九价宫颈癌疫苗进入Ⅱ期临床试验;研制的全球首个水痘减毒活疫苗(VZV-7D)进入Ⅰ期临床试验;艾滋病诊断试剂获2项世界卫生组织PQ认证,全球首个艾滋病尿液自检试剂获批上市;全球首个用于指导乙肝用药的乙肝核心抗体定量检测试剂获批上市并被写入亚太、加拿大的乙肝临床管理指南。分子诊断教育部工程研究中心的《多色探针熔解曲线分析技术》国际专利已获得欧洲、美国、中国授权,并获评2017年厦门市知识产权局唯一一项发明特等奖,该技术已获得Ⅲ类医疗器械注册证书12项,包括已获得5项Ⅲ类医疗器械注册证书的"结核分枝杆菌耐药突变检测试剂"均为国际首报产品,是目前结核耐药突变检测试剂中覆盖突变位点数最多的试剂。2017年1月14日,上述成果入选《健康报》评选的"2016年度中国十大医学科技新闻"。天然产物源靶向药物国家地方联合工程实验室的多项以激酶为靶点的调控机制和靶向药物研究成果申请专利并转让或专利实施许可进行合作开发,单项转化合同金额均超1000万元(里程碑付款);2019年在*Cell*合作发表研究成果,并可望发展出NRAS介导黑色素瘤的靶向药物。水稻遗传育种课题组先后育成多个优质稻品种在生产上大面积推广应用,产生了显著的社会经济效益,其中育成的优质稻品种"佳辐占"稻米品质优,抗病性强,适应性广,近五年总种植面积为156.65万亩,总产值达16.92亿元,增创社会经济效益2.75亿元。

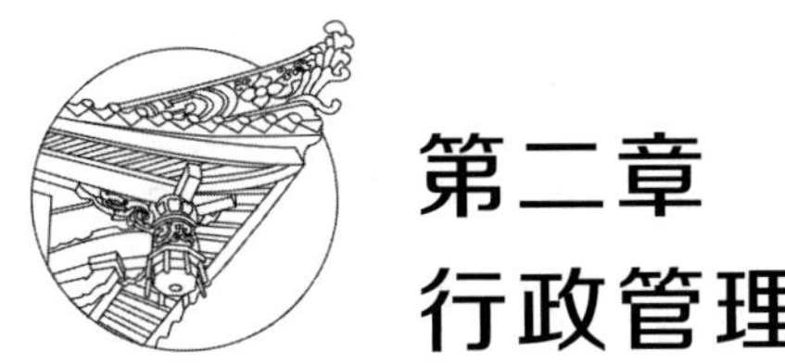

第二章
行政管理

一、从生物学科起步到新中国成立前(1922—1949)

1921 年厦门大学创办之际,就有兴办生物学科之长计。1922 年,学校设立植物学科、动物学科。次年春,科名改订为植物学系、动物学系,属于理学部。1930 年 2 月,根据当时教育部颁发的大学组织法及大学规程,改各科为学院,理学部改为理学院。1933 年秋,动物学、植物学两系合并为生物学系,下设动物学、植物学两组,不久两组又完全合并。办学初期,学校设立生物学实验室、动物学实验室、植物学实验室、植物菌学实验室等先进的实验室,还设立了动植物博物馆,动物标本制作室、动物标本陈列室等。植物学系还设有植物园、温室,用来引种和栽培植物物种。

1937 年,厦门大学改归国办,年底抗战全面爆发,厦大内迁长汀山城。在长汀期间,学生培养及科研活动开展不受战时影响。学校教学组织由 1937 年的三院九系发展为 1945 年的四院十五系。生物学系未做调整。

(括号内时间均为起始年份,下同)

动物学系主任:

秉志(1926 年),陈子英(1930 年),林绍文(1933 年,后与植物学系合并为生物学系)

植物学系主任:

钟心煊(1926 年),段续川(1931 年)

生物学系主任:

林绍文(1933 年,动物、植物两系合并设系),陈子英(1935 年)

李琮池(1942 年),汪德耀(1943 年,兼),林镕(1944 年)

陈兼善(1946 年),曾呈奎(1947 年),郑重(1948 年,代理,1949 年起任)

水产研究室主任:

汪德耀(1944 年,秋筹备),陈兼善(1947 年设置)

郑重(1948 年),李象元(1948 年 8 月)

动物博物院负责人:

顾瑞岩、张松踪(1947 年筹备复建)

植物园负责人:

赵修谦、林汝昌(1947 年筹备复建)

二、新中国成立后至改革开放前(1949—1976)

1949 年 10 月厦门解放,汪德耀教授任生物学系主任。1951 年 3 月,厦大因抗美援朝战争影响,理工科内迁龙岩县,生物学系亦随同迁往龙岩白土镇。1952 年院校调整,福建协和大学与华南女子学院合并,成立福州大学(后改称福建师范学院),该校生物学系学生划归厦大。1952 年,学习苏联模式,进行教学改革。学苏教改初期,系里建立党支部,牛万珍任书记;设动物学专业与植物学专业,建动物学、植物学、海洋生物学 3 个教研组与生理生化教学小组。1958 年以生物学系为基础,厦大与省科委协作筹办厦门大学海洋研究所,即现在的自然资源部第三海洋研究所之前身。同年,在何景教授带领下,省科委与厦大合作,以三叶橡胶树研究为主题,筹建亚热带植物研究所,现为福建省亚热带植物研究所(原中国科学院华东亚热带植物研究所)。

生物学系主任:

郑重(1949 年),汪德耀(1950 年)

党(支部)总支书记:

牛万珍(1953 年)

生物物理研究室主任:

黄厚哲(1959 年,省科委委托创办)

亚热带植物研究所所长：
何景(1959 年—1961 年 10 月，移并省农科院)

1969 年校“革委会”成立后至年底，“革委会”下属机构陆续另行组成有工、军宣队参加的“革命领导小组”。原则上党支部书记兼组长，实行“一元化领导”。这时机构的设置情况如下：

生物系革命领导小组：
贾献奎(军)，周琼林(工)，王龙瑞

1971 年 12 月底召开了厦门大学第四届党代会，恢复校党委，各部、处、系恢复成立党总支，1973 年后省委陆续审批任命处、系单位行政领导人。1973 年 3 月，陆续全面恢复中层以下组织机构的行政职能。其中，海洋生物学专业于 1972 年划归新成立的海洋学系。

生物学系主任：
牛万珍(1973 年)
系党总支书记：
谭学恭(1972 年)，颜松滨(1973 年)
实验生物研究室负责人：
金德祥(1973 年)
寄生虫研究室负责人：
唐仲璋(1973 年)
微生物工厂负责人：
李金照(1973 年)

三、改革开放至建立学院前(1977—1999)

1977 年，生物学系恢复正常办学。1984 年，福建省科委与厦门大学联合建立厦门大学抗癌研究中心。1985年举办细胞生物学和寄生动物学助教进修班。1987年又开始招收生物学函授专修科学生。1988年，动物学科（含细胞生物学和寄生动物学两个方向）经国家教委批准为我国高校重点学科。1991年6月，厦门大学肿瘤细胞工程实验室经国家计委批准，列为国家专业实验室(B22)，属我国重点学科发展项目之一；1993年12月国家教委批准其为开放研究实验室(93K-37)；1999年通过教育部认定，更名为“细胞生物学与肿瘤细胞工程教育部重点实验室”。

生物学系主任：

牛万珍(1977年)，黄厚哲(1978年)，曾定(1984年)，杨金汉(1991年)

党总支书记：

颜松滨(1977年，副职)，牛万珍(1978年)，杨振士(1984年)，郑文竹(1995年)

生物科学研究所所长：

王嶽(1979年)，唐仲璋(1980年)，黄厚哲(1981年)，汪德耀(1982年)

抗癌研究中心主任：

汪德耀(1984年)

肿瘤细胞工程国家专业实验室主任：

曾定(1991年)，陈睦传(1997年)

四、建院至今(1999—2020)

1999年11月15日，由生物学系和抗癌研究中心组建成立生命科学学院。彭宣宪教授任院长兼生物学系主任，司卓亚副研究员任党总支书记，生物学系不设党总支。

2003年，设立中共厦门大学生命科学学院委员会。司卓亚任学院党委书记，林圣彩教授任院长。学院实施“人才与平台强院”战略，完善生物科学大平台。2005年，新增国家传染病诊断试剂与疫苗工程技术研究中心。2007年，新增滨海湿地生态系统教育部重点实验室(筹)，并于2011年通过验收。2009年，新增分子诊断教育部工程研究中心(筹),并于 2014 年 10 月通过教育部验收。

2011 年 4 月,在原细胞生物学与肿瘤细胞工程教育部重点实验室和福建省癌症生物学重点实验室基础上申请建设的细胞应激生物学国家重点实验室获得科技部立项,并于 10 月份正式通过审核并获批建设。2011 年 11 月,滨海湿地生态系统教育部重点实验室顺利通过教育部验收。2012 年 8 月,细胞生物学协同创新中心挂牌成立。2013 年 10 月,药物创新省级平台福建省药物工程实验室获国家发改委批准升级为天然产物源靶向药物国家地方联合工程实验室。2014 年 6 月,细胞应激生物学国家重点实验室通过科技部验收。2014 年 11 月,细胞生物学协同创新中心正式更名为"细胞信号网络协同创新中心"。2015 年 1 月,博伊特勒书院在学院正式揭牌成立。2016 年 4 月,生物博物馆开馆。2018 年 8 月,科研服务中心成立,为各课题组提供科研用房运营管理、学院网络及信息化系统维护、固定资产及危化品管理等基础保障。2020 年 7 月,细胞应激生物学国家重点实验室大楼建成。

院长:

彭宣宪(1999 年),林圣彩(2003 年),周大旺(2017 年)

党总支书记:

司卓亚(1999 年)

党委书记:

刘梅(2007 年),黄田(2011 年),陈光(2012 年),张明智(2017 年),左正宏(2020 年)

国家传染病诊断试剂与疫苗工程技术研究中心主任:

夏宁邵(2005 年)

滨海湿地生态系统教育部重点实验室主任:

林光辉(2011 年),黄邦钦(2013 年)

分子诊断教育部工程研究中心主任:

李庆阁(2009 年)

天然产物源靶向药物国家地方联合工程实验室主任:

林圣彩(2013 年)

博伊特勒书院院长：

韩家淮(2015 年)

细胞生物学与肿瘤细胞工程教育部重点实验室主任：

陈睦传(1999 年)，鲍仕登(2002 年)，林圣彩(2004 年)

细胞应激生物学国家重点实验室主任：

韩家淮(2011 年)

第三章
学科发展

第一节　博士学位授权点、硕士学位授权点建立时间、人才培养特色

一、硕、博士学位授权点建立时间

1981年，经国务院学位委员会批准，厦门大学成为首批设立博士和硕士学位授权点的高校之一，其中生物学系获得动物学二级学科博士学位授权点，以及动物学、植物学、生物化学和微生物学4个硕士学位授权点。1982年，生物学系获得植物学二级学科博士学位授权点。1994年又新增细胞生物学、生物化学与分子生物学2个硕士学位授权点。2000年，生命科学学院获得生物学一级学科博士学位授权点。目前该生物学一级学科授权点已拥有动物学、植物学、微生物学、细胞生物学、生物化学与分子生物学、生态学、发育生物学、遗传学、水生生物学、生理学和生物制品学等二级学科博士学位授权点和硕士学位授权点，另还有交叉学科转化医学硕士学位授权点。其中，生理学博士学位授权点由医学院（1996年成立）负责，生态学博士学位授权点从2013年后转由环境与生态学院（2012年成立）负责，生物制品学博士学位授权点和转化医学硕士学位授权点由公共卫生学院（2012年成立）负责。发展简图如图3-1所示。

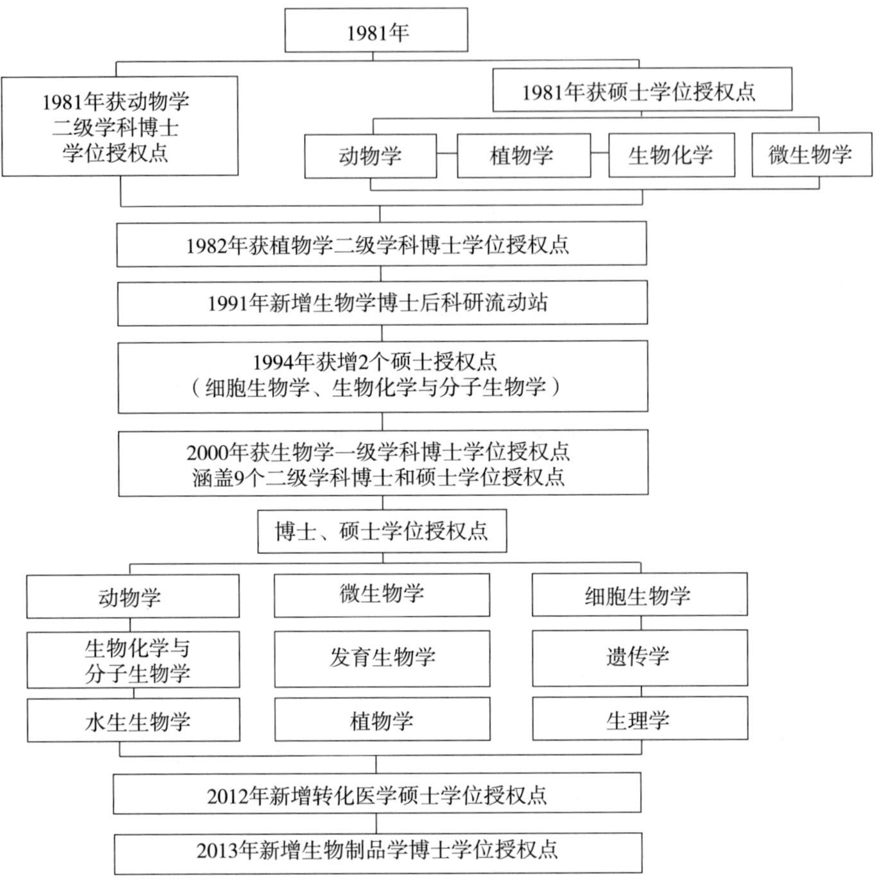

图 3-1　厦门大学生物学博士后流行站、博士、硕士学位授权点发展简图

二、人才培养特色

1.人才培养目标

生物科学专业本科生培养目标：培养符合国家和学科发展时代要求，系统地掌握生物学基础知识、基本理论和基本技能，具有良好的科学、文化素养和高度的社会责任感，具有国际化视野，富有创新意识和实践能力，能够在生物学及相关领域从事教育、科研、技术研发及管理等方面的工作，并能通过终身学习进行开拓创新的基础与应用研究，从而带动我国生命科学相关研究跨入世界前列的

一流人才及未来的学术大师。

生物技术专业本科生培养目标：培养德智体美劳全面发展、适应 21 世纪社会需要、具有“基础厚、知识宽、素质高、能力强”的生物技术专业人才，能熟练使用一门外语，具有较好的计算机应用技能，能独立思考，有良好自学习惯和解决问题的能力，能根据社会需求，熟练运用现代生物技术（包括基因工程、细胞工程、发酵工程、生化制备技术和医药研发技术）的基础理论、基本知识和基本技能，解决生物学、医学、药学、环境保护、农林渔业等相关领域的实际问题，促进相关产业的技术革新和发展。

生物学科培养的研究生应成为德智体美劳全面发展的社会主义建设者和接班人。他们应具备系统扎实的生物学专业知识，熟练掌握生物学研究技能和本学科前沿研究的进展，具备严谨求实的科学态度；严格遵守学术道德规范，具备良好的学术交流能力和写作能力，具备良好的独立开展科研工作的能力和团队协作精神。能从事生物学及相关学科的基础研究和应用研究，并能胜任高校、科研院所及企业的研究、教学和管理工作。

（1）硕士学位培养目标：对从事的研究方向及相关学科有广泛了解，这些知识包括基础生物学相关课程，如动物学、植物学、微生物学、生物化学与分子生物学、细胞生物学、发育生物学、水生生物学、遗传学、生理学、生物制品学、转化医学等核心生物学内容及其他相关学科。对所学研究领域有比较系统的了解，熟悉相关学科的文献，并掌握其主要进展。有能力获得在该学科特定领域开展工作所需的背景知识和基本技能。能够在社会不同部门独立承担与生命科学相关的研发与管理工作。

（2）博士学位培养目标：对从事的研究方向及相关学科有广泛而系统的知识体系，并理解这些体系的核心概念。相关知识体系包括动物学、植物学、微生物学、生物化学与分子生物学、细胞生物学、发育生物学、水生生物学、遗传学、生理学、生物制品学等核心生物学内容及其他相关学科。对所学研究领域的历史与现状有全面系统的掌握，熟悉特定生物学科的文献，随时掌握其主要进展，具备判断和预测学科发展重点、热点、发展趋势，能够提出解决问题的思路和对策；有能力获得在该学科特定领域开展探索性研究所需要的背景知识和基本技能；能够在社会不同部门，特别是生命科学相关的教学、研究和应用开发部门独立承担开拓性的工作。

2.人才培养方向

生物学博士、硕士学位一级学科授权点坚持“全面提高,重点突破”的学科建设原则,已形成具有国际竞争力的免疫学、代谢生物学、肿瘤生物学、细胞生物学、生化与分子生物学等学科群,结构生物学和神经生物学建设初见成效,动物学、植物学和微生物学等传统学科也焕发勃勃生机。学位授权点目前拥有细胞生物学、动物学、水生生物学等3个国家二级重点学科,以及生物学一级学科福建省重点学科。不同学科人才培养方向如下。

(1)细胞生物学　该学科致力于培养从事细胞坏死、免疫细胞生物学和肿瘤细胞生物学等领域的研究型人才。以机体免疫系统在应答内外界不良因素时的应激反应为研究重点,从免疫炎症相关的细胞应激反应、应激反应在宿主抵抗细菌、病毒和寄生生物等感染中的作用、应激反应在免疫性疾病中的作用等几个方面来研究免疫炎症相关的细胞应激反应。该方向同时在细胞应激反应与肿瘤发生发展的关系方面也开展重大研究。

(2)生物化学与分子生物学　该学科方向深入研究营养匮乏引发细胞自噬的分子机制以及维持细胞能量稳态信号网络中感知细胞内部能量水平的机制,并进一步阐述细胞实时感知细胞内的营养及能量状况并转换其代谢类型的机制。目前该学科方向的人才培养主要致力于研究机体内控制细胞能量平衡的分子调控机制以及重大疾病的分子机制,围绕细胞代谢与稳态维持,重点研究代谢相关的主要应激蛋白和重要信号蛋白调控细胞糖脂代谢的分子机制、细胞应激反应重要蛋白参与重大疾病发生和发展的作用机制、细胞应激反应对细胞异常增殖和死亡中代谢通路的调控及其机制。

(3)动物学　致力于培养从事人畜共患寄生虫病学研究的人才,重点开展多种重要病原(原虫类、吸虫类、绦虫类、线虫类)的个体发育生物学、传播媒介种类及其传播规律、疫区中流行病学情况、防治等研究工作。该学科方向对各类重要病原进行深入研究,还围绕动物免疫生物学、动物组织再生以及动物代谢生物学等方面开展研究。

(4)水生生物学　该学科方向主要培养从事研究藻类、海洋微生物、海洋污染与生物修复等方面的人才,形成以亚热带滨海水生生物物种多样性、生态学和分子生物学作为基础研究内容、以水生生物资源的开发利用作为应用研究内容的鲜明特色。尤其在海洋硅藻物种多样性、硅藻细胞重要生命活动特征及对环境胁迫响应的分子调控机制、海洋微生物抑藻机制与赤潮防治、蓝藻水华发生的分子机制以及转基因蓝藻等方面的研究独树一帜。

(5)微生物学　该学科方向依托天然产物源靶向药物国家地方联合实验室、国家传染病诊断试剂与疫苗工程技术研究中心以及分子诊断教育部工程研究中心等研究平台,人才培养围绕微生物药物、病原微生物检测和微生物分子生物学等研究方向,形成以微生物及其药用资源的开发利用为核心研究内容,以微生物药物及疫苗开发为研究特色,在微生物与肿瘤及其代谢性相关疾病的防治方面取得突破性进展并形成自己的研究优势,在微生物药物开发以及疫苗开发方面继续取得重要进展。

(6)遗传学　该学科方向致力于培养从事动植物发育遗传、农作物优良品种选育与分子遗传育种研究,以及文昌鱼遗传学研究的人才。其中动物发育遗传方向以文昌鱼、斑马鱼为模式生物,研究动物早期胚胎发育的分子调控机制,研究环境有机污染物在鱼类胚胎发育中的遗传毒理机理;植物发育遗传方向主要研究植物的抗逆机制和重要农作物抗逆品种的分子遗传育种以及水稻优良品种选育。此外还包括两类新的转录调控因子对非生物逆境的应答分子机理研究。

(7)植物学　该学科方向主要培养从事植物遗传发育与作物育种研究,着重开展植物细胞应激反应机制研究、植物组织发育模式研究与水稻优质品种选育工作的人才。研究特色在于紧密结合我国南方地区环境与资源特点,以模式植物与应用作物为主要研究对象,从理论基础到实际应用开展研究。近几年来,该学科方向在光与激素调控植物发育方面进行了系统研究。主要以拟南芥等模式植物为对象,研究光照对植物生长发育影响的分子调控机制;在常规稻与杂交稻选育方面技术先进,种质资源丰富,聚焦粮食生产这一重大民生问题。

(8)发育生物学　该学科方向下的人才培养主要包括对生物个体发育及其相关疾病发生的细胞与分子调控机制等的研究。通过对小鼠、斑马鱼、拟南芥等模式生物的基因操作,研究生物个体生长发育中关键基因及其信号通路的功能作用,并综合应用现代细胞和分子生物学技术揭示其作用机制。主要研究内容包括:Hippo 信号通路在造血系统发育和免疫细胞分化成熟中的功能,Hippo 信号通路在肝脏组织发育、再生与肿瘤发生发展中的功能;神经导向分子系统在血管与淋巴管系统发育和肿瘤等疾病发生发展中的功能；组蛋白甲基化与染色质重塑在神经系统发育和再生中的功能、神经性肿瘤干细胞在肿瘤生成中的作用机制；G蛋白偶联受体及其信号通路在神经系统发育和神经退行性疾病、恶性神经胶质瘤中的功能；核质转运受体以及Wnt信号在组织发育和肿瘤发生发展中的功能；中心体蛋白在细胞周期和中心体衍生物纤毛形成过程中的作用；植物干细胞稳态调控。

(9)生理学　生理学是以生物机体的生命活动现象和机体各个组成部分的功能为研究对象的一门学科。该研究方向下的人才培养将从器官和系统水平、细胞和分子水平、整体水平等层次研究相关生理活动及其机制，机体内、外环境变化对这些功能性活动的影响和机体所进行的相应调节，揭示相关生理功能在整体生命活动中的意义，并在此基础上开展相关疾病的病理生理学研究。该学科方向主要从事阿尔茨海默症等神经退行性疾病的细胞与分子致病机制、机体氧化应激生理学、肿瘤病理学和器官移植病理生理学等研究。

(10)生物制品学　该学科方向下的人才培养主要从事医学病毒相关基因工程抗原、诊断试剂、疫苗、单克隆抗体等研发和产业化，以及相关病毒的分子生物学、免疫学基础研究，建立突发传染病应急反应和新发传染病预警技术体系。在疫苗和生物药物的研发中，该学科方向的研究工作将着重于疫苗研发、构效关系确立、佐剂及抗原一佐剂间的相互作用分析、疫苗质控体系尤其是体外效力测定方法的建立等研发及产业化的关键领域。

(11)转化医学　该交叉学科依托厦大生物学、医学、公共卫生和药学等学科研究专长，依托天然产物源靶向药物国家地方联合实验室、国家传染病诊断试剂与疫苗工程技术研究中心、分子诊断教育部工程研究中心以及厦门大学分子影像暨转化医学研究中心等研究平台，建设具有国际一流水平的分子影像学及转化医学创新基地和国际化研究平台。该学科方向下的人才培养主要从事的研究内容包括新型诊断、预防、治疗技术的建立与临床应用研究，以及新技术方法临床应用过程中的关键技术研究等，将推动生物医学基础研究和应用研究与生物医学产业有机衔接，进一步推动科研成果转化。

第二节　研究基地、研究所、研究中心的建立与特色

一、教育部寄生动物学研究室

厦门大学寄生动物学研究室由我国著名寄生动物学家唐仲璋院士创建于1945年。1956年经福建省人民政府批准为寄生动物学研究室，挂靠于福建师范学院生物学系。1972年该研究室移到厦门大学，后为隶属于国家教育部的研究室。该研究室主要研究与人类健康和人类赖以生存的各类经济动、植物资源（包括畜、禽、鸟、鱼类、经济贝类及经济作物等）关系密切的寄生虫病害问题，尤其是与人类关系密切的人畜共患寄生虫病的病原生物学、流行病学及生活史；研究各重要寄生虫病病原的生命周期规律、存在规律及流行传播规律，使研究的结果可以为各病害的预防和治理提供科学理论依据，并提出相应的防治对策。

二、教育部细胞生物学研究室

1958—1966年，汪德耀教授主持设立细胞学科研组。1961年招收研究生2名，从事动物细胞亚显微结构的基础研究，为后来建立教育部细胞生物学研究室奠定了良好基础。研究室共分为4个研究组：海洋动物细胞生物学研究组（重点研究细胞器结构与功能、核质相互关系以及细胞骨架、核基质）、植物细胞生物学及组织培养研究组、发育与遗传研究组、细胞分子生物学研究组。研究室自成立以来从事细胞学和细胞生物学的研究，具有悠久的历史，形成了结构合理的学术梯队，具有较强的教学和科研力量。

三、福建省海洋研究所海洋生物研究室

1958年以生物学系为基础，厦大与省科委协作筹办厦门大学海洋研究所，为自然资源部第三海洋研究所之前身。1959年11月25日，生物学系举行福建省海洋研究所海洋生物研究室成立典礼。该研究室是中国科学院福建分院与我校合建的研究机构，由生物学系相关教师积极筹备建成，为科学研究在海洋生物方面开辟新的领域，主要开展水产资源的调查，船蛆、发光、发声及附着生物的研

究，渔业生产关键问题的研究，解决经济建设和国防建设中有关海洋生物的重大问题。

四、福建省亚热带植物研究室

1958 年，省科委与厦大合作，以三叶橡胶树研究为主题，筹设亚热带植物研究所，现为福建省亚热带植物研究所。1959 年 11 月 25 日，生物学系举行福建省亚热带植物研究室成立典礼。该研究室以花皮胶藤的综合研究为纲，对本省野生特种经济植物资源的利用、热带亚热带作物的引种栽培驯化、本省亚热带地区植被及区系植物进行研究。

五、环境科学研究所（部分挂靠生物学系）

1978 年厦门大学成立环境科学仪器分析方法研究室；1982 年 3 月，校办公会议讨论同意将环境科学仪器与分析方法研究室扩建为环境科学研究所。研究所侧重海洋环境科学、环境化学和生态学等方面研究，积极开展三废治理、环境质量评价，环境管理和环境经济方面的研究，成为既研究科学、技术问题，又研究社会管理问题、政策问题的综合性的环境科学研究所。下设环境化学研究室（挂靠化学系）、生态及微生物学研究室（挂靠生物学系，包括微生物、农业区划，红树林和自然保护区研究组）、海洋环境研究室（挂靠海洋系）、环境科学仪器分析方法研究室（直属所，与科学仪器系协作）、三废治理和综合利用研究室（直属所，与海洋、化学、生物学系微生物专业合作）、环境管理研究室（直属所，与经济学院有关科系协作）。

六、厦门大学抗癌研究中心

1983 年 5 月 29 日，厦门大学党委正式做出成立厦门大学抗癌研究中心的决定，同时组织有关力量着手进行组建工作，逐步完善实验室建设，发展协作攻关团队，陆续开展抗癌研究。1984 年 4 月，经福建省党委、福建省政府研究决定由厦门大学和省科委联合成立厦门大学抗癌研究中心并委托厦门大学领导。

2000年该中心与厦门大学生物学系联合成立厦门大学生命科学学院，2004年该中心转入厦门大学医学院。厦门大学抗癌研究中心的科研定位是以分子肿瘤学的应用基础研究为主题，以具有地方特色的恶性肿瘤研究为重点，以恶性肿瘤的分子诊断和治疗研究为特色。具体而言，是以消化道肿瘤的基础与应用研究为重点方向，围绕肿瘤发生、发展的分子机制、分子诊断与分子治疗新技术、新方法等开展高水平的科学研究，进行高层次人才培养，为肿瘤学科发展做出积极贡献。

七、厦门大学实验动物中心

实验动物中心始建于1995年。随着学校学科布局及公共平台调整，2012年5月30日，以生命科学学院原实验动物中心和医学院原实验动物中心为基础组建厦门大学实验动物中心。该中心的主要任务是为生物医学研究与教学的有关动物实验提供繁育(breeding)、寄养(holding)及其他有关动物实验的服务。包括做好实验动物生产、繁殖、寄养、采购等工作，为我校教学科研提供合格实验动物和饲料。长期供应SPF级KM小鼠、ICR小鼠、C57BL/6小鼠、BALB/c小鼠、BALB/c裸鼠、SD大鼠，以及代购其他实验动物；对外开展动物实验委托、实验动物托管、护理、技术服务、技术咨询等业务，实现实验动物、动物实验室、仪器设备、人力资源等共享；提供转基因与基因敲除小鼠制作、胚胎净化、受精卵冷冻服务技术；提供动物模型制作、抗体制备、肿瘤模型、外科手术以及灌胃、尾静脉注射等实验操作技术；逐步开设本科生、硕士研究生“实验动物学”选修课程的授课任务和技能培训；负责提供教学用实验动物的采购、运送等工作；负责实验动物尸体集中冰柜储存，定期进行无害化环保处理工作等。

八、厦门大学生物医学仪器共享平台（分析测试中心整合升级）

1997年初创建生物学系分析测试中心，2014年更名为实验服务中心，2016年医学与生命科学学部四个学院的测试中心正式整合升级为厦门大学生物医学仪器共享平台。平台引进高效的信息化管理体系，由生命医学学部教授组成大型仪器共享管理委员会，打通学部内生命科学学院、医学院、药学院、公共卫生学院及实验动物中心的仪器平台使用管理，建设高标准的贵重仪器运行环境保障系统。平台现有大中型仪器200多台，总价值近2亿元，建成了流式细胞术、质谱检测等10余个功能实验平台，为高水平的科研与教学提供技术支撑和保障，也成为学校重要的公共技术服务平台之一。

九、厦门大学生命科学实验教学中心

厦门大学生命科学实验教学中心（简称实验中心）成立于2000年，负责生命科学学院及相关学科的本科实验及实践教学工作。2006年，实验中心由于硬件条件完善、软件体系先进，被教育部列入首批国家级实验教学示范中心。实验中心依托“国家基础学科拔尖学生培养试验计划”、“国家理科生物学人才培养基地”和“国家生命科学与技术人才培养基地”的学科优势，加强师资队伍建设，强化管理体系和教学体系的建设，探索创新型实验教学模式。以实验技术和方法为主线，以模拟科研过程构建实验内容，以综合性、开放性和自主性实验取代验证性实验，构建实验课程新体系；建立学生科研创新能力的培养模式，实施实验与实践教学和科研训练相结合的教学运行模式，强化学生综合素质的培养；以“集中管理、资源共享”理念建成符合国家示范中心标准的课程教学实验室、公共实验室及生物技术实训基地等，重视实验室的规范化运行，强化安全管理和制度建设；积极承担多项国家级、省级教改研究项目，编写实验及实习教材，完成实验教学多媒体课件和录像制作，获得多项国家级和省级教学成果奖；扩大资源共享与对外交流，发挥重要的辐射和示范作用。

十、厦门大学生物医学科学学科创新引智基地

厦门大学生物医学科学学科创新引智基地是2006年首批入选教育部和国家外专局“高等学校学科创新引智计划”（简称“111计划”），基地负责人为林圣彩教授。该基地建设伊始，境外团队由新加坡国立大学生物学系系主任丘才良教授领衔，部分成员来自美国。合作双方围绕细胞生物学和结构生物学领域共同感兴趣的科学问题进行研究，取得了一系列重大成果。2010年，基地在5年建设评估中取得优秀成绩进入第二轮建设。在第二轮建设期，基地除了延续与

原海外团队继续合作外，新引进了由英国皇家院士、代谢生物学和生物化学领域的权威专家 D. G. Hardie 教授领衔的英国邓迪大学团队，在代谢生物学领域进行深度合作，取得了一系列令人瞩目的重大突破。短短几年，厦门大学代谢生物学团队已经成为该领域的国际领先的团队。2017 年，基地在教育部和国家外专局组织的 10 年建设评估中取得优秀成绩，2018 年基地获批进入“111 计划 2.0”。

十一、国家传染病诊断试剂与疫苗工程技术研究中心（厦门大学）

1995 年，厦门大学细胞生物学与肿瘤细胞工程教育部重点实验室分子生物学课题组成立；2000 年，组建厦门大学养生堂生物药物联合实验室；2003 年，福建省科技厅批准成立福建省医学分子病毒学研究中心；2004 年，厦门市科技局批准成立厦门市生物药物工程技术研究中心；2005 年，在前期建设基础上成立国家传染病诊断试剂与疫苗工程技术研究中心；2009 年，该中心入选国际科技合作基地、国家级对台科技合作与交流基地，组建传染病诊断试剂产业技术创新战略联盟。依托中心平台，以夏宁邵教授为带头人的教育部传染病诊断与疫苗研究创新团队和科技部疫苗与体外诊断创新团队，主要从事分子病毒学等基础研究以及诊断试剂与疫苗等应用研究，旨在获得具有明确应用前景的独创性研究成果并促进其产业化，成功实现了全球首个戊肝疫苗、新一代国际“金标准”戊肝诊断试剂、全球领先的艾滋病系列诊断试剂、纳入国际临床指南的乙肝精准诊断试剂等创新产品的上市，现已成为全球疫苗和诊断试剂创新及成果转化的核心团队之一。

十二、分子诊断教育部工程研究中心（厦门大学）

分子诊断教育部工程研究中心（厦门大学）建于 2009 年 12 月，是国内高校唯一专门从事分子诊断技术研发和转化的部级研发基地。中心以分子诊断为主线，重点围绕分子诊断标志物及靶标研究、分子诊断试剂的研发、分子诊断基础试剂及相关设备的研发、临床分子诊断技术服务 4 个方向开展工程化研发。在临床适宜的分子诊断技术领域形成系列化、多层次的专利技术。中心积极开展传染病、遗传病、肿瘤系列分子诊断试剂的成果转化和产业化，主持申报新医疗器械注册证书 20 余项，获颁三类医疗器械注册证书 13 项。

十三、厦门大学细胞应激生物学创新引智基地

细胞应激生物学创新引智基地于 2011 年底获教育部和国家外国专家局批准建设，成为“十二五”首批建设项目中 7 个免于答辩评审直接立项的引智基地之一。该基地负责人为韩家淮教授，海外学术大师由美国德克萨斯大学西南医学中心宿主防御遗传学中心主任、2011 年诺贝尔医学或生理学奖获得者、美国科学院院士 B. Beutler 教授担任。双方团队在细胞应激生物学领域有着良好的研究基础，在先天性免疫学等研究领域处于国际领先水平。该基地在科研和创新人才培育方面开展了深度合作，为促进学科发展、提升人才培养质量提供了全新尝试，在推动一流学科建设和重点实验室创新力提升方面发挥重要作用。

十四、细胞信号网络协同创新中心

细胞信号网络协同创新中心组建于 2012 年 8 月，以“引领国际细胞信号网络研究前沿，服务国家人类健康战略需求”为使命，汇聚厦门大学、浙江大学、中国科学技术大学、中国科学院上海生命科学研究院生物化学与细胞生物学研究所（上海生化细胞所）和药明康德新药开发有限公司（药明康德）等优势力量，以细胞信号网络研究为主轴，通过学科交叉，构建 3 大创新研究方法和技术平台（即动态定量信号网络分析平台、超高分辨精度显微成像平台以及复杂数据深度分析与建模平台），重点解读细胞信号网络的动态、定量、定位属性，着力揭示信号网络如何影响细胞功能以及生理病理过程这一关键科学问题，全面提升我国相关学科的研究水平，达到世界领先地位；同时形成充分激发科研创造力的人才培养体系，建立高效的基础科研成果向下游转化的对接机制，为全面提升高等学校创新能力、建设创新型国家做出重大贡献。

十五、厦门大学博伊特勒书院

2015 年 1 月 7 日，由中国科学院院士、厦大副校长韩家淮教授牵头，以其导

师、2011 年诺贝尔生理学或医学奖得主布鲁斯·博伊特勒(Bruce Beutler)教授的名字命名的厦门大学博伊特勒书院成立。书院是厦门大学探索拔尖人才培养模式的一个重要实践,建立起“普适计划”和“拔尖计划”两套培养体系,打通学部、连通海峡两岸多所著名高校,分层次因材施教。“普适计划”采用住宿书院制,有力促进学科间交叉融合;“拔尖计划”聘请美国院士、英国院士、欧洲分子生物学组织会士等世界顶尖科学家进行全英文授课。书院不断加强与国内外书院的合作与交流,取长补短,完善具有厦门大学特色的书院人才培养模式,并进一步加强跨学科、国际化拔尖人才的培养力度,助力国家人才强国战略。目前普适班学生有近 800 人,拔尖班学生 76 人。

十六、厦门大学组织器官再生修复与大小调控学科创新引智基地(培育项目)

2018 年 5 月,组织器官再生修复与大小调控学科创新引智基地项目入选由教育部、国家外专局联合实施的高等学校学科创新引智计划(简称“111 计划”)培育项目。该基地负责人为长江奖励计划特聘教授、国家杰出青年基金获得者、国内 Hippo 信号通路研究学术带头人周大旺教授。国外学术大师为美国德克萨斯州立大学西南医学中心生理系主任、Bashour 杰出教授、HHMI 研究员 Duojia Pan 博士。该基地旨在促进生命科学学院 Hippo 信号通路研究在肿瘤、免疫和器官再生等方面取得长足发展,提高我国在该研究领域的影响力和竞争力,打造一支可以在国际同行中领跑的研究队伍,最终为人类的健康事业作出积极贡献。

十七、厦门大学生命科学学院科研服务中心

2018 年 8 月 3 日,中共厦门大学生命科学学院委员会、厦门大学生命科学学院正式发文宣布厦门大学生命科学学院科研服务中心成立。中心秉持“提质增效”的服务理念,在整合现有人力资源基础上,构建了一支年轻化、专业化的科研服务人才队伍。中心坚持以“服务科研”为宗旨,不断拓展业务范围,力求让学院全体课题组都能享受到优质的科研服务:“助开源”,集中精干力量参与多项重

大科研项目申报与管理工作;“促节流”,通过竞价谈判、签订价格协议、集中采购等方式,打破传统的价格壁垒;“保安全”,在做好日常巡视与督导的基础上,组织编写《生科院通用安全手册》(2018 版)等安全管理文件;“降成本”,统筹新引进人才的实验室建设工作,大幅降低学院用人成本。

第三节 重点实验室的建立、定位与成就

一、细胞应激生物学国家重点实验室(厦门大学)

1991 年 6 月,国家计委批准建立肿瘤细胞工程国家专业实验室。1993 年 12 月,国家教委批准为肿瘤细胞工程国家教委开放研究实验室。1999 年,教育部批准建设细胞生物学与肿瘤细胞工程教育部重点实验室,为第一批教育部重点实验室。2011 年 4 月在原细胞生物学与肿瘤细胞工程教育部重点实验室和福建省癌症生物学重点实验室的基础上获科技部立项,并于 2011 年 10 月获科技部批准建设细胞应激生物学国家重点实验室(厦门大学)。

细胞应激生物学国家重点实验室以细胞应激反应为主线,重点围绕着细胞应对外界刺激的应激反应生物学、细胞应对自身癌变的应激反应生物学、细胞应对代谢状况变化的应激反应生物学这 3 个方向开展研究。秉承“边建设边运行”的方针,以基础理论研究为根本,结合应用基础研究,从分子、细胞和个体水平上深入地研究炎症应激反应、肿瘤胁迫应激反应和代谢应激反应等细胞应激生物学研究领域的关键科学问题。通过多方位、多学科、多层次的联合研究,力求全面提高国重室在细胞应激生物学研究领域的综合实力,为国家人口与健康领域的需求做出重大贡献,并以优秀的原创性成果和高水平人才队伍跻身国际知名研究中心和人才培养基地之列。

细胞应激生物学国家重点实验室分别于 2014 年和 2016 年通过科技部验收和评估。国重室现有面积 22000 m^2,固定研究人员 39 名,包括中国科学院院士 2 名,国家“万人计划”入选者 2 名,教育部“长江学者”特聘教授 3 名,科技部“中青年科技创新领军人才”1 名,国家杰出青年科学基金获得者 5 名,国家“百千万人才工程”入选者 1 名,国家优秀青年科学基金获得者 6 名。自 2011 年起,国重

室成员在 SCI 学术刊物发表 730 余篇论文,其中以第一/通讯作者发表研究性论文 480 篇,包括 *Science* 1 篇,*Nature* 1 篇,*Cell* 1 篇,CNS 子刊 49 篇,影响因子 10 以上的论文 84 篇,影响因子 5 以上论文 204 篇,专著 2 部,参与专著章节编写 3 章。获各类奖项 57 项,包括国家自然科学奖二等奖,全国创新争先奖,中国科学十大进展,中国生命科学领域十大进展等。多项成果申请专利并转化合作开发,转化合同金额 7320 万元。自 2015 年起国重室每年的 5 月和 12 月举办科普活动,主要面向幼儿园、中小学生,迄今已接待学生和家长近 20000 名。国重室于 2018 年 4 月被授予中国细胞生物学学会科普基地称号,同年 7 月获 2018 年度中国细胞生物学会全国联动"实验室开放日"科普活动优秀奖。

二、滨海湿地生态系统教育部重点实验室(厦门大学)

20 世纪 20 年代至 80 年代金德祥、唐仲璋、林鹏等教授分别对海洋硅藻、寄生动物以及亚热带滨海湿地尤其是红树林生态系统开展了系统研究;2002 年,厦门大学湿地生态工程研究中心成立;2006 年,福建省高校亚热带湿地生态学重点实验室和福建省高校亚热带资源微生物重点实验室获批建设;2007 年,滨海湿地生态系统教育部重点实验室(厦门大学)获教育部批准建设;2008 年 7 月通过建设论证,2011 年 11 月通过验收正式运行。

实验室是建立在厦门大学著名生物学家唐仲璋、金德祥、林鹏等多位先驱几十年工作的基础上,以生态学国家"双一流"建设学科和环境科学、海洋科学、水生生物学、动物学等国家重点学科为依托的部级重点实验室。一直以来,实验室瞄准滨海湿地生态系统与全球变化的重大科学前沿,直面国家对沿海区域生态安全与环境保护的重大需求,立足基础研究和应用研究,以多学科交叉为基础,以技术创新为动力,主攻亚热带滨海湿地生态系统的结构、功能及环境修复研究,旨在全面提升我国滨海湿地和近岸生态学研究的总体水平,提高我国湿地生态学研究的国际地位,培养湿地和近岸生态学的高层次创新型人才,为我国滨海湿地生态系统的保护和恢复提供科学依据,为生态文明建设和经济持续发展提供技术支撑。

实验室学科历史悠久,在滨海湿地和海陆界面生态系统研究方面具有明显的优势和特色,尤其是在红树林生态学和近岸生态学领域,被国内外同行称为中国红树林研究中心和中国海洋硅藻学研究的创始地，是国内较早成立的以滨海湿地生态系统为研究对象的重点实验室，于 2015 年顺利通过教育部的首轮评估。自建立以来，实验室致力打造一支结构合理的优秀创新团队，团队固定人员 48 人，其中中国科学院院士 1 人，“长江学者”特聘教授 1 人，“闽江学者”特聘教授 1 人，厦门大学特聘教授 4 人，国家杰出青年基金获得者 3 人，国家“万人计划”领军人才 3 人，科技部中青年科技创新领军人才 2 人，国家级教学名师 1 人，国家优秀青年科学基金获得者 1 人，教育部新(跨)世纪人才 7 人。实验室自建立以来，先后与中科院城市环境研究所、马里兰大学、路易斯安那州立大学等多所科研院所和高校签订合作协议，建立实质性合作关系。2018 年 5 月，获批全国高校重点外国文教专家项目“111 计划”培育项目，有效促进特色研究，奠定高水平国际合作基础。实验室至今已参与承办或协办国际性、区域性和全国性学术会议 25 场。打造高层次的学术交流平台，营造浓厚的学术交流氛围。加强“开放、流动、联合”建设，于 2009 年设置“开放课题基金”。2013 年将“开放课题基金”与“访问学者”相融合，设立“访问学者与开放课题基金”，至今共设立基金 67 项，有效吸引国际一流学者来实验室开展短期访问交流和合作研究，并带动一批国内优秀青年学者成长。此外，实验室下设红树林湿地生态学等 12 个功能实验室，并建立 6 个公共平台。2018 年 9 月在厦门大学翔安校区生态植物园内启动温室系统建设，已于 2019 年底完成验收。

为努力提升滨海湿地生态系统的现场观测能力和野外教学实践能力，2008 年 8 月，实验室在福建漳州建立厦门大学漳江口红树林湿地生态系统定位站，开展系列监测与研究工作。2010 年 7 月，实验室以定位站为基础建设“漳江口湿地生态系统野外科研与教学基地”(以下简称漳江口基地)。2018 年 12 月，漳江口基地获批漳江口红树林湿地生态系统福建省野外科学观测研究站。2019 年 3 月，占地 18 亩、建筑面积 9280 m^2 的漳江口基地大楼开工建设。漳江口基地为多学科的科学研究提供重要支撑，也成为开展野外教学实习实践的重要场所。2012 年 12 月，漳江口基地获批成为“国家理科野外实践教育共享平台”首批 32 个基地之一和福建省“大学生校外实践教育基地”。2013 年“厦门大学漳江口红树林理科实践教育基地”再次获得教育部立项，并在 2015 年获得福建省教育厅和共青团福建省委批准为“福建省大学生社会实践基地”。

三、天然产物源靶向药物国家地方联合工程实验室

2006 年 10 月,经福建省发改委立项筹建福建省药物工程实验室,2010 年 3 月通过验收。2013 年 10 月经国家发改委批复,天然产物源靶向药物国家地方联合工程实验室(简称药物工程实验室)依托厦门大学建设,列入国家地方联合共建计划的创新药物研究平台。

天然产物源靶向药物国家地方联合工程实验室是目前海西地区唯一一家专门从事小分子药物研发的创新型国家级科研平台。在省发改委的直接领导下,药物工程实验室实行理事会和技术委员会指导下的实验室主任负责制。目前药物工程实验室规章制度完备、管理措施齐全、发展规划和研究目标明确。同时,实验室建设与国家发展规划和地区特色紧密结合,充分发挥其区域创新平台优势。

药物工程实验室拥有一批优秀的生物科学家,尤其以工程实验室主任林圣彩教授、执行主任邓贤明教授以及吴乔教授、周大旺教授等为代表的杰出学术带头人和学术骨干,近年来在细胞信号转导、天然免疫与炎症反应、细胞代谢与应激反应、核受体、靶向药物合成等研究方向取得了许多重要成果,在 *Cell*、*Nature*、*Science*、*Nature immunology*、*Cell metablism*、*Nature cell biology*、*Molecular cell* 和 *Cell research* 等国际顶尖杂志上发表了一系列文章。药物工程实验室在药物靶标确认方面的研究达到了国际一流水平,针对癌症、代谢性疾病等发现了一系列新的药物靶标,发展了相应的靶向药物先导化合物,实现药物开发的源头创新。

第四节 对外交流概况

一、1922—1949 年

生物学科自 1922 年建立至 1936 年,正如旭日东升,蓬勃发展,以植物标本建设与文昌鱼研究等闻名。

植物学系首任系主任钟心煊教授在建系与植物标本采集方面出力最多。他

亲自携带标本历访美国大学博物馆，交流标本、交换种子、订正学名，与国际知名的哈佛大学阿诺德树木园等建立关系。经过几年努力，厦门大学植物标本馆收集了大量我国以及菲律宾、新马、日本、澳洲、美国等地主要品种的木材标本，其中包括美国加州赠送的直径达 30 m 的“世界爷”巨树断面，此标本为亚洲仅有。建系初期，在钟心煊教授的带领下，生物学系的植物标本已相当完备，其中经国际植物学权威签名鉴定的腊叶标本尤其可贵。20 年代初，厦门大学植物标本馆藏之丰富居我国诸校的前列。

动物学建系时，设课、建实验室和采集动物标本同时进行。1923 年，应聘来校任教的动物学家莱德在考察厦门海区动物分布时，发现厦门岛浅海沙质区富产文昌鱼，于是，莱德教授在 *Science* 杂志上发表了“厦门大学附近的文昌鱼渔业”一文。此文一出，厦门大学以研究文昌鱼而知名于国内外学术界。1926 年，著名动物学家秉志教授任动物学系主任，在他的主持下，动物标本馆开始筹备，动物系为教学实验和展览制作各种标本，并对国外供应，厦门文昌鱼标本因而遍供世界各学府。

1930 年，在陈子英、林文庆、秉志、丁文江等人的推动下，在生物馆举办暑期生物研究会，首期到会的中外学者达 25 位，取得丰富成果；1932 年，中华教育文化基金会与美国洛氏基金会协同资助，与我校合作，在生物馆成立中华海洋生物学会（Marine Biological Association of China），设立海洋生物研究站（M. B. Station），邀请国内外学者来厦进行科研考察，并资助生物学系发展生物材料供应处。

1933—1936 年，科研成果丰硕，除教师论文外，本科毕业论文质量也大有提高，1933 届毕业生金德祥研讨文昌鱼生物学的毕业论文在菲律宾科学杂志刊登，1934 届毕业生顾瑞岩在美国学术会议上宣读学术论文。

1937 年，由于战争时局所限，生物学系内迁长汀，在保障教学之余服务当地民生需要展开研究。从内迁长汀至建国，陆续有海外回国的生物学家返校任教。1944 年 6 月 12 日英国皇家学会会员、剑桥大学生化教授李约瑟博士到长汀讲学，为厦门大学师生做演讲，并与生物学系探讨中英科研合作问题。

二、1949—1977 年

新中国成立初期，百废待兴，在战争中受到巨大毁坏的生物学系也亟待重建、恢复正常教学秩序。因此,此阶段生物学系的发展重点在于恢复教学秩序、规划合理的课程体系,立足新中国的生产建设实际,理论联系实际,积极提供生产服务。虽然汪德耀教授、郑重教授、金德祥教授、何景教授等系领导与国外的相关院校积极保持联系,但由于当时的国际形势限制、新中国的对外交流备受阻碍,生物学系对外交流的脚步也随之放缓。

50 年代末,政治运动开始频繁冲击教研业务,生物学系在艰难中进行教学与科研工作,对外交流也逐渐停止。直至 10 年文革结束,随着生物学系的教学科研秩序恢复,对外交流合作才开始逐步恢复。此时,海洋所、亚热所的成立为国家、省科协机构布局,打下了扎实的基础。

三、1978 年至今

为学习国外先进科学技术,加强人才培养和交流,改革开放至 80 年代末,生物学系先后邀请到 R. L. Rausch(美国寄生虫学会主席、教授),W. K. Chung(美洲华人生物学会理事长,美国德克萨斯州立大学肿瘤研究中心教授),C. L. Hew(丘才良博士,加拿大多伦多大学生化教授)等国外著名专家、教授 20 余人来系任教或短期讲学;并与美国科学院院士 G. Sato 教授签订了联合培养博士研究生协议,由对方资助我系研究生在美国进行博士论文研究工作,从 1988 年开始每年 1 至 2 名。与此同时,汪德耀教授多次赴美国、法国访问讲学,且于 1985 年被法国尼斯大学授予名誉博士学位。林鹏教授于 1980 年在美国第三届红树林学术会议上,以确凿的事实、精确的研究、完善的数据打破了世人关于"中国没有红树林"的偏见,使得国际学术界改变了对中国大陆红树林及其研究的错误认识,中国的红树林研究也迅速进入国际先进行列。唐崇惕教授根据"美中高级学者交流计划"于 1986 年 6—8 月前往美国华盛顿大学、加州大学及加拿大麦克乔大学等校讲学、考察。黄厚哲教授应加拿大多伦多大学生物化学系邀请,于 1987 年冬前往进行合作科学研究。此外,生物学系还先后派遣 26 名中青年教师到美、法、加、澳、南斯拉夫等国家做访问学者,开展科研学术交流,或攻读学位进一步学习深造。已回国的教师均成为学术骨干,在各自岗位上为我国教育和科学技术的发展贡献力量。

"八五"规划期间(1991—1995 年),生物学系参加国家学术会议和出国进行科研合作的共 29 人次，出国留学及访问学者 24 人次，来访的外国学者有 22 人次；与美国、加拿大、英国、法国、澳大利亚、日本及香港地区等同行建立了广泛联系，开展了国家间科研合作，联合培养博士研究生。

“九五”规划期间（1996—2000 年），生科院（生物学系）与新加坡国立大学生物学系和清华大学生物科学与技术系建立了三系长期合作关系，定期派人前往新加坡进行短期学习，扩大了国内外校际交流。先后主办或承办 6 次国际和区域学术交流会议；共有 58 人次赴国外参加学术会议、开展合作研究、进修、讲学等。先后聘请国内外 60 余人来学院进行学术讲座。

“十五”规划期间（2001—2005 年），举办 3 次国际性学术研讨会，选派教师 50 多人次出国访问和合作研究。与美国、新加坡、加拿大、日本、英国、德国、荷兰、匈牙利等国的大学和科研机构建立密切合作关系。2004 年，学院与新加坡国立大学生物学系、厦门大学医学院共建生物医学科学开放实验室。2005 年，学院继续和新加坡国立大学生物学系、清华大学生物科学与技术系建立长期合作关系，在实质性的科研合作和人才培养方面奠定了扎实的基础。

“十一五”规划期间（2006—2010 年），生科院积极开展对外交流合作，着力提升国际竞争力和学术影响力。与新加坡国立大学生物学系、美国犹他大学系统与整合生物学研究中心、德国萨尔大学医药生物技术研究所建立了长期合作关系。与台湾大学生命科学院、台湾清华大学生命科学院及台湾实践大学民生学院签订了学术交流合作协议。其中，与新加坡国立大学生物学系共建的生物医学科学实验室于 2006 年入选首批由教育部、国家外国专家局联合实施的高等学校学科创新引智计划。一些教授还与国外知名教授开展共同课题研究，合作申请国内外基金，取得合作成效。主办或承办大型国际及区域学术会议 7 次，其中包括于 2009 年 5 月 24 日至 27 日举办的 Wnt 信号、器官发育和干细胞国际学术大会，会议邀请到包括 3 位美国科学院院士和 1 位荷兰皇家科学院院士在内的 10 余位国际上该领域的顶尖专家做专题报告，扩大了国内外影响力，提升了对外交流合作层次。

“十二五”规划期间（2011—2015 年），生科院大力推动学术交流与境外合作。学院联合新加坡国立大学、清华大学发起并主办厦门冬季学术会议，于 2011 年 2 月举办首届会议，2012 年 2 月、2012 年 12 月、2013 年 12 月、2014 年 12 月又陆续成功举办四届会议，分别以生命科学学科的各个研究领域为主题进行学术讨论，力求将厦门冬季学术会议打造成一个具有国际影响力的高端学术平台。每届冬季会议都邀请多位国外专家进行主题演讲，并吸引到来自美国、英国、日本、新加坡、港澳台地区等境内外高校和研究机构的 100 位参会者。另外，学院主办了中国生物化学与分子生物学会第十一次会员代表大会暨 2014 年全国学术会议，Hippo 信号通路与组织稳态维持国际学术会议暨第四届中国 Hippo 创新协作研究协会交流年会，2015 年教育部基础学科拔尖学生培养试验计划生物学科工作研讨会等 3 个大型学术会议。与英国邓迪大学举办 mini-workshop 活动，与香港公开大学开展双边学术研讨会。打造出高端学术交流平台。

同时，学院邀请到诺贝尔化学奖得主 A. Ciechanover 教授、诺贝尔生理学或医学奖得主 B. Beutler 教授、美国科学院院士邓兴旺、中国科学院院士孟安明等 100 余位国际知名学者先后到学院讲学，开展学术讲座，开拓了师生的科学视野，在学院内营造了浓厚的学术氛围，同时也推动了学院师生与这些生命科学领域的领军学者就共同感兴趣的问题开展合作研究。

另外，学院利用学科特色、地缘条件和人文优势，继续深化同长庚大学、新竹清华大学、阳明大学等台湾高校的交流与合作。2011 年起陆续与台湾大学生物资源暨农学院签订合作协议，与新竹清华大学新签署院际“本科生暑期实习合作协议”，与高雄医学大学签署“学术交流合作协议书”。2011 年起派出本科生及研究生参加台湾长庚大学暑期课程，2012 年长庚大学派出本科生前来短期交流学习。2013 年起，每年院际层面师生互访交流达 50 余人次。值得一提的是，2013 年学院与阳明大学成功举办首届厦门大学—阳明大学双边研讨会，2015 年成功举办海峡两岸大学生生物知识竞赛，学院对台交流合作再上新台阶。

“十三五”规划期间（2016 年至今），学院继续大力推动对外学术交流与合作，对外交流再上新台阶。

学院继续打造学院品牌会议——厦门冬季学术会议，2016 年 11 月主办了第九届 AMPK 国际研讨会—新机制与生理学暨第七届厦门冬季学术会议、2017 年 12 月主办了第八届厦门冬季国际学术会议—核受体：从结构到疾病，2018 年 11 月主办了第九届厦门冬季学术会议——Hippo 信号通路在器官发育与疾病发生中的调节作用。这 3 次会议分别针对 AMPK 领域相关课题，核受体研究领域的最新进展及应用，Hippo 信号网络在器官发育与疾病发生中的调节作用 3

个主题进行学术讨论。每届厦门冬季学术会议都邀请到包括外国院士在内的、来自美国、英国、瑞士等国家相关领域的20～40位权威专家做专题报告，也吸引到来自美国、法国、英国、加拿大、台港地区等境内外高校和研究机构的100余名代表参加。厦门冬季学术会议已经成为学院的高端学术交流平台，拓展了国内学者的国际知名度，向国际同行展示了中国在该领域的迅猛发展，促进了中外学者间开展实质性交流与合作。

学院2016年举办了第二届中国生物医药国际化发展论坛，第七届荧光PCR与分子诊断研讨会，中国细胞生物学学会第一届成体器官再生与重塑研讨会。2017年举办了中国细胞生物学学会2017年全国学术大会，第五届细胞信号网络协同创新中心学术研讨会暨第四届阳明大学·厦门大学联合研讨会，2017年中国免疫学青年工作委员会学术年会，生命科学国家级实验教学示范中心教学指导委员会成立暨2017第一次会议。2018年举办了国家自然科学基金委员会生命科学部生物化学学科申请代码调整研讨会，第一届全国植物光生物学大会，2018微生物传播、感染与耐药论坛暨第八届荧光PCR与分子诊断研讨会，2018年肿瘤免疫论坛，海洋硅藻多样性与分类学术研讨会。

每年学院主办或承办多个不同主题的大型学术研讨会议，为扩展学院知名度、促进中外学者之间的学术交流合作发挥了重要作用。

同时，学院每年继续邀请到包括诺贝尔奖获得者、美国国家科学院院士、英国皇家学会院士、欧洲分子生物学组织会士和中国科学院院士等在内90余位国内外权威学者前来讲学或开展学术讲座，并与法国图卢兹大学、日本东京工业大学、英国卡迪夫大学、法国波尔多大学、伊朗伊斯法罕大学、伊朗伊斯法罕大学、英国纽卡斯尔大学、英国谢菲尔德大学和英国剑桥大学等来访师生开展座谈。学院通过开展各类学术交流活动，拓展了师生学术视野，营造了浓厚的学术氛围。

另外，学院继续保持与台湾知名高校全方位的交流合作，开展包括短期合作教学、师生互访交流、基金申请合作等常态化的合作交流活动，并与台湾长庚大学医学院签订了合作备忘录。与台湾大学生命科学学院商讨签订两院学生交流协议书，年均院际层面与台湾高校师生互访达50人次左右。特别的是2018年，学院组织承办第二届海峡两岸大学生生物知识竞赛，力图打造一个常态化的两岸青年交流示范平台，增进两岸青年学生之间的交流与情感。

第四章 教学沿革与成效

学院坚持人才培养的中心地位，近百年的办学实践积淀了优良的办学传统，形成了“教学促进科研，科研反哺教学”的办学理念，具有鲜明的办学特色。学院拥有“国家理科生物学基础科学研究和教学人才培养基地”和“国家生命科学与技术人才培养基地”。先后入选首批国家级实验教学示范中心、国家级特色专业和国家“基础学科拔尖人才培养试验计划”，并创建了博伊特勒书院。已培育7000多名本科毕业生、3000多名硕士生和700多名博士生，造就了一大批拥护共产党、热爱新中国的杰出科学家、教育家以及各行各业的领军人物和栋梁之材，是国家生物学人才培养与科学研究的重要基地。

学院坚持社会主义办学方向，贯彻习近平新时代中国特色社会主义思想，实施卓越教育战略，坚持立德树人，深化人才培养模式改革，培育和践行社会主义核心价值观，构建符合教育教学规律和人才成长规律的人才培养体系和教学管理制度，培养德智体美劳全面发展，符合21世纪社会需要，掌握生命科学基本理论、基本知识、基本技能，具有基础厚、知识广、素质高、能力强的生命科学创新型和领军型人才。

学院在发展规划和年度工作计划的编制、党政联席会议、年度教职工代表大会及学院工作会议中，都将本科教学列为专题进行讨论研究。在学院文化上，形成了教书育人是教师的天职、搞好本科教学是教师的职业底线和公共道德的共识。在教学管理上，形成了“学院、教学部、课程组”三级教学管理体制，制定了一系列《本科教学工作规范》文件，建设完善了教学质量保障体系，严格实施新教师试讲、党政干部听课、学生评教等一系列教学过程管理制度。在教学设施上，学院拥有近4.8万 m^2 的教学科研用房和近两亿元的现代生物学实验仪器设备，每年新增教学科研设备价值千万元以上，为本科生创新科研能力的培养提供了有力保障。

学院着力教育教学改革，实施人才培养“质量工程”。坚持“宽口径、厚基础、多样化”的人才培养模式，遵循由浅入深、从主干到分支的教育规律，明确和细化了大学各阶段的培养目标，把激发学生专业兴趣和学习热情、提升学生创新思维和实践能力作为人才培养的工作重点。深化本科生课程体系改革，整合专业基础课程，优化实验课程设置及授课内容，注重培养学生的学习兴趣和良好实验习惯；选好配强授课团队，安排高层次人才承担本科教学工作，一批名师坚持为本科生授课；扎实推进班主任队伍建设，院士领衔担当本科生班主任，积极参与本科生专业思想教育和职业生涯规划；改进本科生导师制度和导师制经费使用办法，授予学生自主邀约老师的权力；强化科研训练，60%以上的本科生进入导师的科研实验室参与科技创新活动；加快国际化办学步伐，建设博伊特勒书院，聘请境内外高水平学者为学生授课，资助本科拔尖学生前往国/境外合作高校进行研修。

学院先后出现2位国家级教学名师，打造了“细胞生物学”“生物学基础课”2个国家级教学团队，建设国家级精品在线开放课程5门、国家级精品资源共享课程2门、国家级双语教学示范课程2门、国家级精品课程3门、国家级虚拟仿真教学项目1项，以及一批省级精品课程。从2001年起，连续5届荣获国家级教学成果奖，其中一等奖1次，二等奖6次。目前，学院每年本科毕业生的研究生升学率达到60%左右，进入世界百强名校读研的比例达到30%以上。

当前，随着学院教学科研支撑体系的日益完善，海外高层次人才不断引进，科研实力显著增强。我们有足够的信心和能力进一步加强内涵建设，提高人才培养质量，全面提升综合办学实力。

第一节　专业设置

厦门大学于1921年建校，次年即分别成立植物学科和动物学科。1933年，在这两个学科的基础上，建立生物学系。生物学系在1952年至1958年这一时段，设有海洋生物学、植物学、动物学、生理生化4个专业，1959年增设生物物理学专业。此后，生物学系的专业结构又经历了几次较大规模的调整，按时段可分为4个阶段：1966至1976年（植物学、动物学、微生物学），1977至1993年（植物学、动物学、微生物学、生物化学、细胞生物学、寄生动物学)，1994 至 1995 年(生物学、生物化学、微生物学、生物技术)，1996 至 1998 年(生物科学、生物技术)。

1999 年生命科学学院成立，从此生物学科的发展翻开了崭新的一页，学科设置与时俱进地重整为生物学系、生物化学与生物技术系、生物医学科学系。值得一提的是，我院的生态学科于 2002 年设立，在 2011 年同海洋与环境学院的环境学科一道重新组建，成立了环境与生态学院。

经过前期的一系列变革与发展，现在的生命科学学院形成了以专业、系、科研中心、重点实验室、研究机构为支撑的生物学研究与教学机构。当前，我院设有生物学系、生物化学系、细胞生物学系、免疫与微生物学系、遗传与发育生物学系 5 个系，拥有国家重点实验室 1 个(细胞应激生物学国家重点实验室，2011)、国家工程中心 1 个(传染病诊断试剂与疫苗工程技术研究中心，2005)、教育部重点实验室 1 个(滨海湿地生态系统教育部重点实验室，2008)、教育部批准设立的其他研究机构 2 个(寄生动物学研究室，1983；分子诊断工程研究中心，2009)、福建省批准设立的研究机构 4 个(医学分子病毒学研究中心，2004；资源微生物重点实验室，2006；福建省人畜寄生与病毒性疫病防控工程技术研究中心，2008；福建省转基因与基因剔除小鼠培育与研究公用技术服务平台，2010)、厦门市批准设立的研究机构 3 个(海洋微生物新药工程技术研究中心，2002；厦门市植物遗传重点实验室，2010；厦门市个体化分子诊断工程技术研究中心，2014)。此外，我院还设有一些重要机构，如厦门大学实验动物中心(1995)、厦门大学生命科学学院分析测试中心(1982)、厦门大学生命科学学院国家级实验教学示范中心(2006)、天然产物源靶向药物国家地方联合工程实验室(2014)等，对学科建设和学院发展做出了重要贡献。

第二节　课程体系

一、1921—1948 年

办学伊始，植物学、动物学两系教授立即制订计划，开设各门课程，以“培养专门科学人才研究高深学术”为宗旨进行人才培养。课程采用学分制，要求学生应修满141学分方能毕业，每学年修满36学分方可进入下一学年，共4学年。

植物学系的课程为国文、英文、德文或法文、英文修辞学及作文、党义、普通化学及定性分析、初等微积、普通生物学、普通物理学、动物学、普通植物学、植物技术学、植物分类学、植物细胞学、高深植物细胞学、植物形态学、植物生理学、藻类植物学、植物遗传学、植物学杂志讨论、植物学研究、选修学程、论文。

动物学系的课程为国文、英文、英文修辞学及作文、德文或法文、党义、普通化学及定性分析、普通物理学、初等微积、普通生物学、普通植物学、动物学、有机化学、组织学、遗传学、动物技术学、胚胎学、生理学、动物学研究、动物学讲习会、生物学史、选修学程、论文。

1933年秋，动物学、植物学两系合并为生物学系，课程也进行了相应的调整，当时的课程设置为：国文、英文、初等算学分析、普通化学、普通生物学、军事训练/军事看护(女)、德文、法文或日文、普通物理学、无脊椎动物学、脊椎动物学、普通植物学、植物形态学、生物技术学、组织学、遗传学、生物学史、选修学程、党义、胚胎学、生理学、昆虫学、生物研究。

二、1949—1965年

建国初期，新中国百废待兴，在战争中受到巨大毁坏的生物学系也亟待重建、恢复正常教学秩序。因此，此阶段生物学系的发展重点在于恢复教学秩序、规划合理的课程体系，当时，生物学系旨在培养学生以正确的观点方法掌握生物学及其有关学科的基础知识，以便能充任专科以上学校及职业学校生物科学的教师、研究机关所需之研究工作人员，及农业生产、医药卫生方面有关生物科学之技术工作人员。当时的课程设置主要分为公共必修课程、本系必修课程、分组必修课程、选修课程几大类。专业必修课主要有普通动物学、普通植物学、系统动物学、比较解剖学、组织学、胚胎学、有胚植物形态学、植物学技术及动物切片技术、植物分类学、植物生理学、植物生态学、进化与遗传、细胞学等。选修课程大致分为一般选修课程及小组选修课程。前者包括政治选修课程、普通物理学、普通地质学、微积分、自然辩证法、第二外国语、生物学史、生物统计学、细菌学、微生物学、专题讨论。后者的学习时数必须不少于总学时四分之一，内容不做限定。

1964 年，为了进一步贯彻执行毛主席的教育思想，达到“我们的教育方针，应该使受教育者在德育、智育、体育几方面都得到发展，成为有社会主义觉悟的有文化的劳动者”，更好地实现党的教育为无产阶级政治服务，教育与生产劳动相结合的方针，全日制综合大学的教学工作在学制、课程、教学方法、考试制度等方面推行全面的改革。是年高教部委托厦门大学拟订《生物学系动物学专业、植物学专业的全日制“大改”初步方案》。

该时期的课程设置包括共同政治理论课、民兵训练、体育、外语及专业课。专业课主要包含普通生物学、普通化学与分析化学、数理基础、有机化学、生物化学与生物物理学、细胞学、遗传学、动物学、动物生理学、动物增殖学、植物形态解剖学、植物生理学及生态学、农作基础、植物分类学与群落学。4 年内学生参加社会主义教育运动和生产劳动的时间共 26 周，必须有一段集中时间下乡参加社会主义教育运动和劳动。要求在人民公社或厂矿企业参加社会主义教育运动和生产劳动，期间学生需与工农群众同吃同住同商量。

三、1966—1999 年

1966 年“文革”开始，一切停顿。下放同安县郊区的少数教师在五联村和西塘村举办培训班，为农民进行科普工作；同年 10 月份分别招收植物学、动物学和微生物学三个“试点班”。1972 年开始，植物学、动物学及微生物学专业招收工农兵学员来校学习，学制不尽相同。

1977 年恢复高考，高校的教学秩序得以重新调整，同年生物学系恢复正常办学。为适应新形势的发展，本科教学计划的制定迫在眉睫，1979 年 6 月教育部部属综合大学理科专业调整会议召开，专门讨论了修订综合大学理科教学计划问题。

综观这一时期的培养方案，高校培养任务重点强调以下四个方面：一是强调在校大学生要认真学习马克思列宁主义、毛泽东思想，要拥护中国共产党的领导，热爱社会主义，为实现社会主义现代化服务，为人民服务，逐步树立无产阶级的阶级观点、群众观点、劳动观点和辩证唯物主义观点，坚持实事求是的作风。二是更加注重专业技能的学习，要求掌握具体专业所需的知识和技能，了解与本专业有关的科学技术的新发展，强调自学能力和分析解决问题能力的培养。三是强调外语的重要性,要求至少能阅读一种外国语专业书刊。四是重视健全体魄的培养。

根据教育部1977年9月7日教高一司40字号《关于修订教学计划的通知》,我校承担了生物学系生物化学专业教学计划(四、五年制)的修订任务。随后,我系遵照四年制教学计划进行本科人才培养。1977年四年制生物化学专业的培养目标是:通过四年的学习,培养德、智、体全面发展的、具备现代生物化学及有关学科的专业知识和实验技能,能从事生物化学的教学、科研和实际工作的专门人才。

这一时期的专业及课程设置更加强调实用性,重视理论、实验与生产实践的结合。1977年版的《生物化学专业教学计划》(简称计划),尤其强调生物化学是实验性的学科,据此教学计划安排较多的实验课程和课时数。因实验类型较多,该计划对各种实验项目作了统筹安排,指出生化专业结合生产实际的面相当广,既可联系农业生产问题,也可以联系医药、食品加工、外贸出口检验和农产品加工。为了充分贯彻理论结合实际原则,计划中适当加强生产实习。建议各校与医疗单位、制药厂、农产品加工厂、发酵厂、化验室或生物制品厂挂钩,进行有系统的生产实习。教学计划包括政治理论课、英语、数学、物理学、普通生物学、普通生物化学、生化大实验、酶化学、代谢及调控、核酸化学等必修课,以及自然辩证法、概率统计、生物统计学、免疫学、细胞及分子遗传学、细胞生物学专题、分子生物学专题等选修课。

1980年,植物学专业、动物学专业紧随生化专业(1979年开始招生),重新修订教学计划。这一时期的培养方案均致力于培养德、智、体全面发展的植物学、动物学的科学研究人才,培养学生能够从事与本专业有关的科学研究、教学和其他科技工作,且出现了较为精准详细的课时安排说明,指出学生4年在校时间共204周,其中教学144周,约占70.5%;科研训练12周,约占5.9%;生产劳动和军事训练8周,约占3.9%;毕业教育和机动时间10周,约占4.9%;假期30周,约占14.7%。不同之处在于,教学周的具体分配上植物学专业的实习时长为6周,动物学为2周。此外,该培养方案还制定了科学研究训练,安排在第八学期,时长12周,主要是对学生进行综合的专业训练和科学研究技能的初步训练。科学研究训练也鼓励学生参加学术活动,开展学术问题的自由讨论。

1980级植物学和动物学的课程设置主要分为必修课和选修课两大块。必修课学时总计 2682 左右，两个专业方向均需修习的必修课包括思想政治教育报告、政治理论课(包括中共党史、政治经济学、哲学)、体育、外国语(306 学时左右，分 4 个学期开设，第四学期后，增设专业外语选读，提高外语阅读能力)、高等数学、普通物理学、无机及分析化学、有机化学、生物化学、普通生物学、植物学、动物学、微生物学、细胞生物学。

植物学专业方向的特色必修课为遗传学、植物生理学、植物生态学、植物学大实验。选修课约为 260 学时左右。本专业设植物分类与资源、植物生态、实验形态和植物细胞遗传及植物生理等 5 个选修组。每个选修组开设若干选修课，学生在教师指导下，根据自己的学习情况和志趣，确定选修组，如有余力，还可选修其他选修课程。

动物学专业方向的特色必修课为动物遗传学、组织学、胚胎学、动物生理学、大实验。选修课约为 272 学时。根据国家需要和生物学系的特点，该专业选修组有动物学、细胞生物学、寄生虫学等。每个选修组开设若干选修课，学生在教师指导下，根据自已的学习情况和志趣，确定选修组，如有余力，还可选修其他选修课程。

厦门大学早在 20 世纪 60 年代就建立了细胞生物学教研室，“文革”后又在动物学专业内增设了一个细胞学专门组。从 20 世纪 60 年代起，我校就开设了“细胞生物学”课。“文革”后又开设了“显微技术学”“细胞超微结构学”“细胞化学”“电镜原理与应用”“大实验”等课程。此外，1949 年我系就开始细胞学的研究工作。1983 年教育部批准我校设立细胞生物学研究室，并分配了一定名额的科研编制。从 20 世纪 50 年代起，我校就应用电子显微镜技术及生化手段，从分子水平来研究细胞生物学。在此后的 30 余年，科研成果颇丰，受到国外同行专家的好评。基于此，厦门大学细胞生物学专业教学计划草案于 1984 年年底提交教育部，并于 1985 年秋季开始招生。

该专业旨在培养德、智、体全面发展的，能够从事细胞生物学及相关专业、基础医学和基础农学的科学研究、教学和其他科技工作的人才。细胞生物学专业的学制 4 年，主要课程设置分为必修课和选修课。必修课含中共党史、政治经济学、哲学、体育、英语、高等数学、普通物理学、无机及分析化学、有机化学、普通生物学、生物化学、物化及胶化、细胞生物学、微生物学、普通遗传学、显微技术学、电子显微镜原理及应用、大实验、细胞化学和分子细胞生物学等课程。选修课则有分子生物学、免疫生物学、核酸化学。蛋白质化学、酶化学、癌细胞生物学及细胞病理学专题、细胞工程学和算法语言。

随着生物学科的发展，“文革”后我系先后设置了植物学、动物学、微生物学、生物化学、细胞生物学、寄生动物学、生物技术等多个专业方向。直至1998年，教育部颁布《普通高等学校本科专业目录》，我系进行了1949年以来最大的一次本科专业整理和学科专业结构调整工作，将生物学系下辖专业归并调整为生物科学和生物技术两个专业方向。

四、1999—2020年

1999年厦门大学生命科学学院成立，生物学科发展进入新时代。

为贯彻实施学校关于自2004年开始实行三学期制的决定，我院根据当时的教学体系和条件，结合学科发展需要，提出了新的《本科教学计划》。新的教学计划全面贯彻学校“宽口径、厚基础”的方针，充分发挥学院学科门类齐全、师资力量雄厚的优势，培养适应社会发展需要、面向21世纪的综合性人才。新教学计划具有以下几个方面的特点：①精简课程，将学科知识体系中最先进、最必需、基础性最强和最有价值的课程组合成6大必修课程，其他课程则全部设置成选修课程。②有针对性地开设一些周期短、实用性强或动态的课程，放置在短学期中进行，将学科方向中最新发展动向和最新技术介绍给学生，拓宽学生视野。③针对学生实践能力薄弱和动手机会较少的不足，新的教学计划中强化了实践和培养创新能力的教学环节。

本时期我院本科生的培养目标为培养具有扎实的综合素质及生命科学基础知识、具有不同专业创新能力的基础型、应用型高级专门人才。本学科学生主要学习生命科学的基本理论、基本知识、基本技术，接受基础研究和应用基础研究方面的科学思维和科学实验训练，能在科研机构、学校及企事业单位从事科学研究、教学工作及生物产品开发与生产管理工作。对思想品德方面的要求是：热爱社会主义祖国、拥护中国共产党；掌握马列主义、毛泽东思想、邓小平理论和“三个代表”的基本原理，愿为社会主义现代化建设服务，为人民服务；有为国家富强、民族昌盛而奋斗的志向和责任感；具有爱岗敬业、艰苦奋斗、热爱劳动、遵纪守法、团结合作的品质；具有良好的思想品德、社会公德和职业道德。有健全的心理素质和健康的体魄，能够履行建设祖国和保卫祖国的神圣义务。

该教学计划从 2004 级开始实施。我院共设三个专业方向：生物科学、生物技术、生态学。一、二年级主要学习公共基本课程、全校通识课程和学科类通修课程等必修课程，二年级开始分专业方向，学生除修读必修课程外，还要根据各专业方向的学科特点和选课要求修读专业选修课程。优秀学生将进入生物学国家理科基础科学研究与教学人才培养基地或国家生命科学与技术人才培养基地学习。

这个时期本科生完成培养方案需要修习至少 157 学分，包括公共基本必修课(39 学分)：思政课、英语课、计算机类课程和体育；通识课程(16 学分)：校选类；专业必修课(63 学分)：微积分、物理类、化学类、动物生物学、植物生物学、生物化学、微生物学、细胞生物学和现代遗传学理论课与实验课；专业选修课(26 学分)，其中生物科学、生物技术以及生态学的课程要求学生根据自己的专业方向选修该方向标示的课程至少 10 学分，其他课程任选 16 学分(可以跨方向选修)；其他教学环节安排军事训练、学年论文、社会实践和毕业论文共 13 学分。在该版方案中，我院二年级的短学期全部用于开展专业生产实习，科研训练或创新研究，实践性课程及特色课程在短学期中所占的比例为 100％。

2012 年因生态学专业归入新成立的环境与生态学院，专业方向再次重新调整为生物科学、生物技术两个专业。

随着生命科学和生物技术领域的迅猛发展，生物学科的人才培养面临着严峻的挑战。面对全国性的招生数扩增、师资配置不平衡、就业状况欠佳、学生专业思想不稳定、生源质量下降、学习兴趣不高等问题，学院大胆改革，创新教学方法，摸索出 1 套遵循教育和人才培养规律、以学生兴趣为导向，以科研全面渗透本科教学为突破口的全方位人才培养模式。

学院以培养会独立思考的创新型人才为理念，逐步从课程体系改革、师资队伍配置、实验教学新体系、本科生科研训练、国际化办学及交换学习等方面不断探索新的人才培养模式。在课程体系改革上，遵循认知的规律，完善课程质量，优化课程之间的衔接与层次性，构建 1 套由浅入深、循序渐进、理论与实践布局合理的课程体系，着力培养学生的科学精神和批判性思维，尤其注重人文素质的培养和英语语言能力的训练。

首先降低学分要求，减轻学生的课程负担。对 58 门课程进行了改革，整合专业必修课，集中力量建设必修的核心双语课程 6 门，构架出生物学知识的主干；建设专业选修课 37 门，其中有 13 门为双语教学，并聘请外籍教授开设 4 门全英文课程，拓展了知识宽度。全部核心主干课程及重要专业选修课程采用国外原版优秀教材。理顺了课程设置的系统性和层次性，毕业总学分要求从 157 学分降至 146 学分。

兴趣是最好的老师。由时任院长的林圣彩教授主持，周大旺教授、邓贤明教授、袁晶教授等人共同参与的"普通生物学"课程及实验，是一门生物学的入门课程。林圣彩教授认为："普通生物学"是传授学生对生物的"道"的感悟，对生命科学与人类本身的认同感的最佳途径。经过对学生的调查和反馈，有 70%以上的学生认为"普通生物学"及其实验对培养他们的专业兴趣起到了最重要的作用。新增的"新生研讨课"等课程，结合我院的科研实例采用小班上课，启发、互动式教学取得较好效果。

在人才培养过程中，注重个性化教育，因材施教。尤为重视班主任在学生教育当中的作用。担任班主任的教师要求有副教授以上职称，现有班主任队伍中 50%以上为具有高水平科研能力的海外引进教授。2013 年韩家淮教授担任新生班主任，受到同学们的广泛欢迎。同时，学院为每一位学生都安排了导师，从新生入学伊始，就对学生的学习、生活、科研道路和未来规划等进行跟踪辅导，学校有专门的本科生导师活动经费支持。从 2013 年开始，学生可在与老师充分的沟通后，在一定程度上自主选择导师，进一步确保了导师制作用的发挥。

学院将本科生的早期科研训练作为一个提高教学质量的重要环节来抓。大一最重要的是培养兴趣；大二要扎实基础、训练思路，鼓励低年级学生多了解实验室；大三要拓展视野，选修科研训练课程，接受正规科研训练；大四阶段开展毕业论文研究及创新能力培养，力争做到全日参与或承担科研工作。

在学院国际化建设方面，尤其注重学生交换，让学生到境外和国外学习，拓展视野，吸收境内外学科的先进理念和科学态度，并与台湾大学、台湾清华大学、台湾长庚大学等学校签订合作协议，互派短期交流及科研交换的本科生和研究生。与台湾高校在学生项目上的合作，加强了海峡两岸的联系，带动了科研上的密切合作，推动了两岸师生在学术上更加密切的交流，增进了两岸人民一家亲的情谊。

新修订的培养方案从 2013 级开始实施。一、二年级按专业大类培养，不分方向，主要学习公共基本课程、通识教育课程和学科通修课程等必修课程。二年级短学期根据学生个人意愿和成绩要求分专业，学生除修读必修课程外，还要根据各专业方向的学科特点及职业规划选择修读课程。我院每年度从大一至大三学生中选拔优秀学生进入“基础学科（生物）拔尖人才班”学习，实行年度考核、动态管理模式。本教学计划要求毕业生至少达到 146 学分。各类课程具体要求如下。

1.公共基本课程：31 学分，其中要求学生毕业前必须修满 4 学分体育课程：包含 1 学分游泳为必修项目，其余 3 学分通过选修其他体育项目、参加特色项目或体育俱乐部获得。体育特色学分无论何种项目每个学生只限获得 1 次。大学英语分为 4 级，实施目标管理、分级教学。新生入学后参加学校组织的大学英语水平测试，根据测试成绩编入相应级别的班级。即：达到四级的同学以四级为起始级，免修基础英语（一、二、三级）；达到三级的同学以三级为起始级，免修二级和一级；达到二级的同学以二级为起始级，免修一级。其他同学须从一级开始逐渐修读。程序设计基础可在 VB、C 语言 2 门课中任选其一修读。

2.通识教育课程：14 学分，其中全校通识（大学语文、大学生心理健康）和院系通识（新生研讨课）为必修课，校通识课程还需选修 10 个学分的跨学科基本课程。非涉外专业的外国留学生可以申请免修“大学语文”，可以修读“现代汉语”课程作为第一外语，理工科学生必须通过国家汉语水平考试 4 级（初级 B 等）。

3.学科通修课程：61 学分，包括一元微积分学（C 类）、多元微积分学（C 类）、无机化学 B、分析化学（含仪器分析）B、无机及分析化学实验 B、有机化学 B、有机化学实验 B、普通生物学（上、下）、普通生物学实验、大学物理 C、大学物理实验、生物化学（上、下）、生物化学实验、细胞生物学 A、细胞与显微技术实验、现代遗传学 A、遗传与分子生物学实验、微生物学、微生物与免疫学实验。

4.专业或方向性课程：26 学分，其中生物科学、生物技术专业的课程，建议学生根据自己的专业方向选修该方向至少 16 学分的课程。生物科学专业，建议该专业的学生选修以下部分专业或方向性课程：蛋白质组学、生物学仪器分析、结构生物学、细胞信号转导基础、癌症生物学、免疫学基础、分子生物学、生物信息学导论、发育生物学、生物统计学、植物生理学、动物生理学、微生物生理学、水生生物学、寄生虫病原学、植物分类学等课程。生物技术专业，建议该专业的学生选修以下部分专业或方向性课程：蛋白质组学、生物学仪器分析、结构生物学、细胞信号转导基础、癌症生物学、免疫学基础、分子生物学、生物信息学导论、发育生物学、生物统计学、生物工程下游技术、基因工程、酶学、生物制药、环境生物技术、微生物工程、蛋白质工程等课程。

拔尖班学生，必须选修免疫学基础、癌症生物学、细胞信号转导基础、发育生物学 4 门双语课程。

5.其他教学环节：14 学分。安排军事训练、野外实习/生物技术生产实训 A、学年论文、毕业论文。申请推免学生，必须选修科研训练课程。

大二短学期，学生根据分专业结果，生物科学专业的学生参加野外实习，生物技术专业的学生参加生物技术生产实训 A。大四上学期必修学年论文，大四下学期必修毕业论文。

第三节　精品课程与教改项目

课程是人才培养的核心要素，课程质量直接决定人才培养质量。教育教学改革，也必须落实到专业建设和人才培养上，需要在实践中不断深化。学院历来注重精品课程建设，推进课程改革创新，实施科学的课程评价，严格课程管理，树立教授上课、消灭“水课”、取消“清考”等硬规矩，夯实基层教学组织，提高教师教学能力，完善以质量为导向的课程建设激励机制，形成多类型、多样化的教学内容与课程体系。同时，以教改项目为抓手，有针对性地研究和探索适应新时代人才培养的新模式。精品课程建设与教改项目已成为学院提升人才培养和教育教学质量的重要抓手，并取得了丰硕的成果。

一、精品课程

序号	项目名称	所获奖励或支持名称	时间	级别	授予部门
1	微生物学	国家级精品在线开放课程	2018 年	国家级	教育部
2	现代遗传学	国家级精品在线开放课程	2018 年	国家级	教育部
3	遗传与分子生物学实验	国家级精品在线开放课程	2018 年	国家级	教育部

续表

序号	项目名称	所获奖励或支持名称	时间	级别	授予部门
4	细胞生物学	国家级精品在线开放课程	2017 年	国家级	教育部
5	微生物与免疫学实验	国家级精品在线开放课程	2017 年	国家级	教育部
6	现代生物学实验	国家级精品资源共享课程	2013 年	国家级	教育部
7	生命科学导论	国家级精品资源共享课程	2013 年	国家级	教育部
8	细胞生物学	国家级双语示范课程	2008 年	国家级	教育部
9	生命科学导论	国家级精品课程	2008 年	国家级	教育部
10	生物化学	国家级双语示范课程	2007 年	国家级	教育部
11	动物生物学	国家级精品课程	2007 年	国家级	教育部
12	现代生物学实验	国家级精品课程	2006 年	国家级	教育部
13	生物工程下游技术	福建省精品在线开放课程	2018 年	省部级	福建省教育厅
14	微生物学	福建省精品在线开放课程	2016 年	省部级	福建省教育厅
15	微生物学与免疫学实验	福建省精品在线开放课程	2016 年	省部级	福建省教育厅
16	细胞生物学	福建省精品在线开放课程	2016 年	省部级	福建省教育厅
17	普通生物学实验	福建省精品在线开放课程	2016 年	省部级	福建省教育厅
18	现代遗传学	福建省精品在线开放课程	2016 年	省部级	福建省教育厅
19	遗传与分子生物学实验	福建省精品在线开放课程	2016 年	省部级	福建省教育厅
20	微生物学	福建省精品资源共享课程（创新创业教育与专业教育融合类）	2016 年	省部级	福建省教育厅

续表

序号	项目名称	所获奖励或支持名称	时间	级别	授予部门
21	普通生物学	省级精品课程	2007 年	省部级	福建省教育厅
22	现代遗传学	省级精品课程	2007 年	省部级	福建省教育厅
23	植物生物学	省级精品课程	2005 年	省部级	福建省教育厅

二、教改项目

序号	项目名称	所获奖励或支持名称	时间	级别	授予部门
1	非书院制与书院制有机结合的“拔尖人才”培养模式探索	拔尖计划研究课题（重点项目）	2018 年	国家级	教育部
2	开放式研究性实验教学模式在拔尖学生的科研兴趣与能力培养上的应用	拔尖计划研究课题	2018 年	国家级	教育部
3	本科生全方位导师制新模式的探索与研究	拔尖计划研究课题	2017 年	国家级	教育部
4	生命科学双轨制实验教学培养双型拔尖人才的探索	拔尖计划研究课题	2017 年	国家级	教育部
5	书院模式的拔尖人才培养体系的探索	拔尖计划研究课题（重点项目）	2016 年	国家级	教育部
6	生物学科小班教学方法的改进对教学效果影响	拔尖计划研究课题	2016 年	国家级	教育部
7	厦门大学生物学基地科研训练及科研能力提高	国家基础科学人才培养基金	2014 年	国家级	基金委

续表

序号	项目名称	所获奖励或支持名称	时间	级别	授予部门
8	厦门大学生物学人才培养基地教学条件建设	国家基础科学人才培养基金	2008 年	国家级	基金委
9	厦门大学生物学人才培养基地科研能力提高	国家基础科学人才培养基金	2007 年	国家级	基金委
10	厦门大学生物学人才培养基地“十五”基金	国家基础科学人才培养基金	2001 年	国家级	基金委
11	学生参与教学的新型人才创新模式	福建省教育教学研究课题	2018 年	省部级	福建省教育厅
12	生物技术—创新创业教育改革试点专业	福建省教育教学研究课题	2017 年	省部级	福建省教育厅
13	生物医学专业本科生科研兴趣和能力的培养和提升	福建省教育教学研究课题	2015 年	省部级	福建省教育厅
14	生物科学专业——福建省本科高校专业综合改革试点	福建省教育教学研究课题	2012 年	省部级	福建省教育厅
15	厦门大学生物科学人才培养模式创新实验区	福建省教育教学研究课题	2009 年	省部级	福建省教育厅

第四节　教学成果奖

高等教育教学成果奖评选活动是国家实施科教兴国战略、人才强国战略和落实立德树人根本任务的重要举措，是对学校、学院人才培养工作和教育教学改革成果的检阅和展示。国家级教学成果奖是国家在教学研究和实践领域中颁授的最高奖项，每 4 年评审 1 次，获奖项目需在教育教学理论及实践中取得重大突破和创造性成果。我院已连续 5 届获此殊荣，在全国重点高校中名列前茅。

序号	项目名称	时间	级别	授予部门
1	博伊特勒书院——生命科学拔尖人才培养体系的构建与实践	2018 年	国家级二等奖	教育部
2	遵循人才培养规律的生物学本科教学改革与实践	2014 年	国家级二等奖	教育部
3	依托学科优势的生物科学专业改革与实践	2009 年	国家级二等奖	教育部
4	生物学本科实验教学体系改革与实践	2005 年	国家级一等奖	教育部
5	生命科学本科实验教学创新体系的建立和实践	2005 年	国家级二等奖	教育部
6	非生物类本科生生物学教学的研究与实践	2005 年	国家级二等奖	教育部
7	以改革促发展，建设富有特色和优势的生物学人才培养基地	2001 年	国家级二等奖	教育部

第五节　特色专业与创新试验区

生物学科定位明确，坚持贯彻“以本为本”，不断完善管理规范，一流学科建设成效显著。生物学入选教育部特色专业和基础学科拔尖学生培养试验计划，且即将开启“拔尖计划 2.0”时代。2017 年，生物学入选“双一流”建设学科名单，生物学一级学科在全国第四轮学科评估中获评 A－，在所有参评高校中的位次百分位为 5％－10％。2018 年在生物学科的整体带动下，植物与动物学、微生物学、生物与生物化学、分子生物与遗传学和农学共 5 个学科进入 ESI 全球前 1％，跨入了我国一流生物科学前列。2019 年，“生物科学”专业入选国家首批一流本科专业建设点名单。

序号	项目名称	所获奖励或支持名称	时间	级别
1	生物学	“双一流”建设学科	2017年	国家级
2	生物学	一级学科评估(第四轮)A−	2017年	国家级
3	生物学	基础学科拔尖学生培养试验计划	2010年	国家级
4	生物科学	国家级高等学校特色专业	2007年	国家级
5	漳江口红树林植物学实习虚拟仿真项目	国家级虚拟仿真实验教学项目	2018年	国家级
6	微生物的形态结构观察	福建省虚拟仿真实验教学项目	2018年	省部级
7	生物科学专业	国家级一流本科专业	2019年	教育部

第六节　师资队伍建设

教育大计，教师为本。高水平师资队伍是创建世界一流学科的重要“支点”之一。学院非常重视师资队伍的建设，近年来，学院积极在海内外延揽人才，他们全部承担着本科生的教学任务，并成为本科教学的中坚力量。学院现有专任教师104人，其中有中国科学院院士1人、“长江学者”特聘教授3人、国家“973计划”、重大科学研究计划和重点研发计划项目首席科学家5人、国家杰出青年科学基金获得者7人、“万人计划”科技创新领军人才3人、国家优秀青年科学基金获得者7人、国家基金委创新群体1个(肿瘤生长和抑制相关信号转导的调控)、教育部创新团队2个。

学院作为学校“双一流”建设重点学科，特别注重科研反哺教学，明确要求两院院士、国家高层次人才、“长江学者奖励计划”入选者、国家杰出青年科学基金获得者等高层次人才讲授专业基础和选修课，科研一线教师100%参与本科生课程授课，在此基础上培育和打造了一批国家级教师团队和名师，为提升人才培养质量提供了重要的支撑！

序号	教师或团队	所获奖励或支持名称	时间	级别
1	沈明山	国家级教学名师	2006 年	国家级
2	沈明山	宝钢优秀教师奖	2006 年	国家级
3	陈小麟	高等学校福建省级教学名师奖	2007 年	省部级
4	宋思扬	高等学校福建省级教学名师奖	2008 年	省部级
5	吴乔	卢嘉锡优秀导师奖	2008 年	省部级
6	厦门大学生物学基础课教学团队	国家级教学团队	2008 年	国家级
7	厦门大学生物学基础课教学团队	五一先锋岗	2009 年	省部级
8	陈小麟	国家级教学名师	2009 年	国家级
9	陈小麟	高等学校教学指导委员会委员	2013 年	国家级
10	宋思扬	宝钢优秀教师奖	2013 年	国家级
11	林圣彩	福建省优秀教师称号	2014 年	省部级
12	林圣彩	宝钢优秀教师特等奖提名奖	2014 年	国家级
13	周大旺	宝钢优秀教师奖	2016 年	国家级
14	生物医学教学团队	福建省本科教学团队(教学科研型)	2018 年	省部级
15	袁晶	福建省高校青年教坛新秀	2018 年	省部级
16	细胞生物学团队	首批全国高校黄大年式教师团队	2018 年	国家级
17	周大旺	高等学校教学指导委员会委员	2018 年	国家级
18	左正宏	高等学校教学指导委员会委员	2018 年	国家级
19	李勤喜	高等学校教学指导委员会委员	2018 年	国家级
20	郭峰	福建省高校青年教师教学竞赛(三等奖)	2019 年	省部级
21	微观生物学系列慕课应用型本科教学团队	福建省慕课应用型本科教学团队	2019 年	省部级
22	李勤喜	宝钢优秀教师奖	2019 年	国家级

第七节 教材建设

教材是学校教育教学的基本依据，是解决培养什么人、怎样培养人这一根本问题的重要载体，直接关系党的教育方针能否落实、教育目标能否实现。建设高水平教学体系，优质教材是基础。这些年，学院本着全面准确阐述学科专业的基本理论、基础知识、基本方法和学术体系，编撰了一批形式丰富、质量优良的教材。

序号	出版年度	教材或专著名称	作者	出版单位
1	1937	生物标本制作法纲要	金德祥	商务印书馆
2	1959	孢子植物形态学	严楚江	高等教育出版社
3	1959	植物生态学	何景	高等教育出版社
4	1961	金定养鸭经验	张松踪	福建人民出版社
5	1963	花果形态学	严楚江	福建人民出版社
6	1965	中国海洋浮游硅藻类	金德祥、陈金环、黄凯歌	上海科学技术出版社
7	1978	中国植物志(第 54 卷 五加科)	何景、曾沧江	科学出版社
8	1980	南药栽培	林鹏	福建科学技术出版社
9	1980	吴征镒主编：中国植被“常绿阔叶林、红树林和亚热带常绿阔叶林”第 3 部分	林鹏	科学出版社
10	1981	细胞生物学实验指导	汪德耀	高等教育出版社
11	1982	中国海洋底栖硅藻类(上卷)	金德祥、程兆第、林均民、刘师成	海洋出版社

续表

序号	出版年度	教材或专著名称	作者	出版单位
12	1984	生物学概论	黄厚哲	高等教育出版社
13	1984	红树林(英文版 1988)	林鹏	海洋出版社
14	1985	福建植物志(第 2 卷 景天科、睡莲科、金虎尾科、虎耳草科等)	曾文彬、张娆挺、王清江、刘秀熙等	福建科学技术出版社
15	1986	植物群落学	林鹏	上海科学技术出版社
16	1986	生物化学题解	肖景霖	江西科学出版社
17	1987	人畜线虫学	唐仲璋、唐崇惕	科学出版社
18	1987	固氮生物学	曾定	厦门大学出版社
19	1987	酶催化动力学原理与方法	颜思旭	厦门大学出版社
20	1987	生物固氮(第 8 章 氢酶及固氮生物的氢代谢)	许良树	科学出版社
21	1988	金德祥文集	金德祥	海洋出版社
22	1988	普通细胞生物学	汪德耀	上海科学技术出版社
23	1989	细胞生物学超微结构图谱	汪德耀	高等教育出版社
24	1989	金定鸭	张松踪	厦门大学出版社
25	1989	免疫生物学	胡维弘	厦门大学出版社
26	1989	动物显微技术学	洪水根	厦门大学出版社
27	1989	细胞内金属螯合物	欧阳培、何灌生	陕西科学技术出版社
28	1989	普通细菌学方法手册	厦门大学生物学系微生物研究室译	厦门大学出版社
29	1990	厦门兰谱	严楚江	厦门大学出版社

续表

序号	出版年度	教材或专著名称	作者	出版单位
30	1990	人体基本组织	刘维璞	福建人民出版社
31	1990	海洋硅藻学	金德祥	厦门大学出版社
32	1991	植物生理学	杨汉金、卫新中译	厦门大学出版社
33	1992	汪德耀论文选集	汪德耀	厦门大学出版社
34	1993	福建沿海微型硅藻	程兆第、高亚辉、刘师成	海洋出版社
35	1993	肿瘤的分子生物学研究	苏文金主编	厦门大学出版社
36	1993	肠道菌群与健康:肠道微生态学	杨景云、苏文金	黑龙江科学技术出版社
37	1993	红树林研究论文集(第2集)	林鹏	厦门大学出版社
38	1993	环境与生态论丛	李振基、李凌洁	厦门大学出版社
39	1994	唐仲璋教授选集	唐崇惕、赵尔宓	四川教育出版社
40	1994	膜分子生物学	洪水根、汪德耀	厦门大学出版社
41	1994	高技术百科辞典(生物技术分卷)	汪德耀主编、曾定副主编	福建人民出版社
42	1994	放射性核素在生物学中的应用	王侯聪	厦门大学出版社
43	1995	中国红树林环境生态及经济利用	林鹏、傅勤	高等教育出版社
44	1995	细胞生物学实验技术与方法——细胞生物学实验	洪满贤、林加涵	厦门大学出版社
45	1996	动物生物学	陈品健、陈小麟	厦门大学出版社
46	1996	南海晚第四纪沉积硅藻	蓝东兆、程兆第、刘师成	海洋出版社
47	1996	硅藻彩色图集	程兆第、高亚辉、Mike Dickman	海洋出版社

续表

序号	出版年度	教材或专著名称	作者	出版单位
48	1997	中国红树林生态系	林鹏主编	科学出版社
49	1998	中国湖相化石硅藻图集	黄成彦、刘师成、程兆第、毛毓华	海洋出版社
50	1998	中国湿地研究和保护	郎惠卿、林鹏等	华东师范大学出版社
51	1999	唐仲璋教授选集(二)	唐崇惠、唐崇惕	厦门大学出版社
52	1999	红树林研究论文集(第3集)	林鹏主编	厦门大学出版社
53	1999	福建省南靖南亚热带自然保护区科学考察报告	林鹏主编	厦门大学出版社
54	1999	细胞核分子生物学	洪满贤	厦门大学出版社
55	1999	生物技术概论	宋思扬、楼士林主编	科学出版社
56	2000	红树林研究论文集(第4集)	林鹏主编	厦门大学出版社
57	2000	生态学	李博、林鹏	高等教育出版社
58	2000	动物生理学引论	许玉德	厦门大学出版社
59	2000	生态学	李振基、陈小麟、郑海雷、连玉武	科学出版社
60	2000	现代生物学实验(上册)	林加涵、魏文玲、彭宣宪主编	高等教育出版社
61	2001	动物生物学	陈品健	科学出版社
62	2001	现代生命科学概论	刘广发	科学出版社
63	2001	现代生物学实验(下册)	林加涵、魏文玲、彭宣宪主编	高等教育出版社
64	2001	武夷山常绿林研究	林益明、杨志伟、李振基	厦门大学出版社

续表

序号	出版年度	教材或专著名称	作者	出版单位
65	2001	福建梁野山自然保护区综合科学考察报告	林鹏主编	厦门大学出版社
66	2001	福建漳江口红树林湿地自然保护区综合科学考察报告	林鹏主编	厦门大学出版社
67	2002	福建天宝岩自然保护区综合科学考察报告	林鹏主编	厦门大学出版社
68	2002	基因工程	楼士林、杨盛昌、龙敏南、章军	科学出版社
69	2002	植物生物学	叶庆华、曾定、陈振端	厦门大学出版社
70	2002	外国生命科学教材研究	杨复华、陈小麟、万蜀柏	湖北人民出版社
71	2003	福建茫荡山自然保护区综合科学考察报告	林鹏主编	厦门大学出版社
72	2003	福建戴云山自然保护区综合科学考察报告	林鹏、李振基主编	厦门大学出版社
73	2003	厦门马銮湾湿地及其生态重构示范区生态背景调查报告	林鹏、林开平、谢海生、王文卿	厦门大学出版社
74	2003	福建省志·生物志	林鹏、郑辑主编	方志出版社
75	2003	The Comprehensive Report of Science Investigation on the Natural Reserve of Daiyenshan in Fujian	林鹏主编	厦门大学出版社
76	2003	The Comprehensive Report of Science Investigation on the Natural Reserve of Mongdangshan in Fujian	林鹏主编	厦门大学出版社

续表

序号	出版年度	教材或专著名称	作者	出版单位
77	2003	Local Chronicles of Fujian Province, Biological Chronicle	林鹏、Zheng J 主编	方志出版社
78	2003	Report on the survey of ecological background in the Maluanwan wetland and its ecological demonstration area	林鹏主编	厦门大学出版社
79	2004	生物技术概论(第二版)(普通高等教育"十一五"国家级规划教材)	宋思杨、楼士林主编	科学出版社
80	2004	生态学(第二版)	李振基、陈小麟、郑海雷	科学出版社
81	2004	福建闽江源自然保护区综合科学考察报告	林鹏、李振基主编	厦门大学出版社
82	2004	福建藤山兰科植物与藏酋猴自然保护区综合科学考察报告	林鹏、李振基主编	厦门大学出版社
83	2004	生命科学导论	宋思扬主编	高等教育出版社
84	2004	福建省海洋生物优良种质及生物活性物质	方永强、李少菁、高亚辉	海洋出版社
85	2004	现代生物科学仪器分析入门	徐金森	化学工业出版社
86	2005	动物生物学(第三版)(普通高等教育"十五"国家级规划教材)	陈小麟	高等教育出版社
87	2005	藻类名词及名称(第二版)(硅藻部分)	高亚辉、李家英、程兆第	科学出版社
88	2005	福建君子峰自然保护区综合科学考察报告	林鹏、李振基、张健	厦门大学出版社
89	2005	两栖爬行动物学研究(第10辑)	周开亚、计翔、王义权等	吉林人民出版社

续表

序号	出版年度	教材或专著名称	作者	出版单位
90	2005	现代植物生物学实验(21世纪高等院校教材国家理科基地教材)	陈德海、徐虹、连玉武主编	科学出版社
91	2005	中国吸虫学	唐崇惕、唐仲璋	福建科学技术出版社
92	2006	厦门湾物种多样性——海洋鱼类寄生线虫	黄宗国、罗大民等	海洋出版社
93	2006	海洋高等植物生态学	林鹏	科学出版社
94	2006	基因克隆研究与应用	周涵韬、刘波	科学技术文献出版社
95	2007	中国红树林	王文卿、王瑁	科学出版社
96	2007	生态学(第三版)(普通高等教育“十一五”国家级规划教材)	李振基、陈小麟、郑海雷	科学出版社
97	2007	生物技术概论(第三版)(普通高等教育“十一五”国家级规划教材)	宋思扬、楼士林	北京.科学出版社
98	2007	功能海洋生物分子一发现与应用	谭仁祥、梁君荣、高亚辉等	科学出版社
99	2007	生态学(普通高等教育“十一五”规划教材)	林文雄、李振基等	科学出版社
100	2008	现代生命科学概论(第二版)	刘广发	科学出版社
101	2009	人兽线虫学(第一版)	唐仲璋、唐崇惕	科学出版社
102	2009	发光细菌与环境毒性检测	朱文杰、郑天凌、李伟民	中国轻工业出版社
103	2009	中华海洋本草—海洋药源微生物	管华诗、王曙光、郑天凌等	上海科学技术出版社

续表

序号	出版年度	教材或专著名称	作者	出版单位
104	2009	江西九岭山自然保护区科学考察报告	李振基、吴小平、陈小麟、刘长明主编	科学出版社
105	2010	Methods Mol Biol.	韩家淮	Humana Press
106	2010	红树林研究论文集(第7集)	林光辉、林鹏主编，王文卿、张宜辉、陈鹭真、杨盛昌参编	厦门大学出版社
107	2010	基因工程(第二版)(普通高等教育“十一五”国家级规划教材)	龙敏南、楼士林、杨盛昌、章军编著	科学出版社
108	2010	福建雄江黄楮林自然保护区综合科学考察报告	李振基主编	厦门大学出版社
109	2010	酶学及其研究技术	陈清西	厦门大学出版社
110	2010	华南地区常见动植物图鉴	方文珍主编(编委陈小麟、方文珍、侯学良、李振基、林清贤、罗大民)	高等教育出版社
111	2010	中国红树林区鸟类	周放、陈小麟等	科学出版社
112	2011	简明蛋白质组学(高等院校生命科学类“十二五”规划教材)	何华勤、张连茹等	中国林业出版社
113	2011	中国海洋鱼类寄生蠕虫物种多样性	刘升发	海洋出版社
114	2011	群落生态学(十一五国家级规划教材)	李振基	气象出版社
115	2011	生命科学导论	宋思扬、罗大民等	高等教育出版社
116	2011	赤潮控制微生物学	郑天凌	厦门大学出版社
117	2011	唐崇惕文集(卷一)	唐崇惕	科学出版社

续表

序号	出版年度	教材或专著名称	作者	出版单位
118	2011	唐崇惕文集(卷二)	唐崇惕	科学出版社
119	2011	生命科学导论(第二版)(普通高等教育"十一五"国家级规划教材)	宋思扬、罗大民等	高等教育出版社
120	2012	福建省滨海湿地水鸟	陈小麟、方文珍、林清贤、周晓平	高等教育出版社
121	2012	华南地区常见动植物图鉴	方文珍主编	高等教育出版社
122	2013	中国海藻志(第五卷 硅藻门 第三册 羽纹纲Ⅱ:舟形藻目舟形藻科、桥弯藻科、耳形藻科、异极藻科)	程兆第、高亚辉主编,刘师成、王大志、陈长平、梁君荣等	科学出版社
123	2014	生物技术概论(第四版)(普通高等教育"十二五"国家级规划教材)	宋思扬、楼士林主编	科学出版社
124	2014	藻类固碳一理论、进展与方法(第三章第四节 硅藻硅吸收与硅质壳形成机制,第三章第五节 硅藻形态、休眠孢子与生活史)	高亚辉、陈长平、梁君荣	科学出版社
125	2014	生理科学进展(第五篇 肾脏和泌尿生理学一第33节 microRNAs与肾脏应激调控和肾脏相关疾病)	杨云青	高等教育出版社
126	2014	现代生命科学概论(第三版)	刘广发	科学出版社
127	2015	中国吸虫学(第二版)	唐崇惕、唐仲璋	科学出版社
128	2015	酶学及其研究技术(第二版)	陈清西	厦门大学出版社
129	2017	生物学实验基本技术与方法数字课程(分册Ⅳ)(数字课程)	石艳、叶军、张连茹、金利华、卢明科、王重刚、王勤、章军	高等教育出版社
130	2017	生物化学(普通高等教育十一五国家级规划教材)	周海梦、李森、陈清西、王洪睿等	高等教育出版社

续表

序号	出版年度	教材或专著名称	作者	出版单位
131	2018	微生物与免疫学实验(数字课程)	张连茹、陈航姿、陈毅歆、金利华、许晔、邬小兵、王忠安、陈祥仁、李雪松	高等教育出版社
132	2019	生物化学实验(数字课程)	石艳、王勤、杨春燕、徐庆妍、刘敏、柯莉娜、陈丽珠、李雪松	高等教育出版社
133	2019	生物学(普通高中教科书,国家教材委员会专家委员会审核通过)	付尊英、刘广发主编	北京师范大学出版社
134	2019	现代遗传学(数字课程)	王亚梅、靳全文、肖能明	高等教育出版社
135	2019	微生物学(数字课程)	郭峰、张连茹、田蕴、袁晶	高等教育出版社
136	2019	遗传与分子生物学实验(数字课程)	章军、顾颖、黄秋英、王勤、王亚梅、杨玉荣	高等教育出版社
137	2019	细胞生物学(数字课程)	叶军、靳全文、余娴文、袁立	高等教育出版社

第八节 人才培养基地

厦门大学生命科学学院优良的师资队伍、学科基础和科研平台条件,为本科生人才培养奠定了坚实的基础。改革开放以后,学院依托"985 工程"和"211 工程"、国家重点实验室、拔尖计划、引智计划、国家基金委项目以及各种教改项目的支撑,加大经费投入,加快师资队伍和科研平台建设,依托学科发展优势,开展教学改革与建设,促进科研与教学相互结合,人才培养特色凸显,人才培养质量显著提升。

一、生物学国家理科基础科学研究和教学人才培养基地

从1991年开始,国家选择了一批代表我国较先进水平的、在国内具有重要影响和起骨干带头作用的数学和自然科学一级学科专业点,先后分5批建立了106个"国家理科基础科学研究和教学人才培养基地"。通过大力度建设,这些理科基地将能够持续稳定地为国家培养德智体全面发展的、优秀的基础科学研究和教学人才,为相关学科输送高质量研究生生源。我院作为全国24个生物学专业点之一,于1993年入选"生物学国家理科基础科学研究和教学人才培养基地"。

二、国家生命科学与技术人才培养基地

作为正在崛起的21世纪的主导性产业之一,生物技术产业将成为全球经济新的增长点。在新世纪要实现我国经济的跨越式发展,生命科学与技术产业化将是最佳切入点之一。遵照邓小平同志"发展高科技,实现产业化"的指导精神,产业要发展,教育要先行,人才培养要及早着手。经统一部署、自愿申报、专家评审,教育部、国家发展计划委员会共同研究决定,我院"生物技术"专业与清华、北大等36所高校一道,成为首批建设"国家生命科学与技术人才培养基地"。

上述两个人才培养基地在下文简称为"两个基地"。

三、两个基地建设主要成果

围绕"培养德智体全面发展,符合21世纪社会需要,掌握生命科学基本理论、基本知识、基本技能,具有基础厚、知识广、素质高、能力强的生命科学基础人才"的培养目标,我院"两个基地"依托先进的学科建设理念、优秀的师资人才优势、完善的实验技术平台,对我院本科专业教学进行大胆的改革与实践,在教学团队、管理体制、教学体系与教学方式、精品课程和专业建设等方面的改革与实践具有科学性和先进性,体现出厚基础和个性化的人才培育特色,改变了我国高等教育的传统模式,提高了学生的综合素质,锻炼了学生的科研创新能力。基地

的成果多次在全国性会议上交流，其理念和经验受到与会者的肯定、重视和借鉴；达到国内领先水平，在我国生命科学的教育中起着明显的示范和辐射作用。

四、国家级实验教学示范中心

图 4-1　国家级实验教学示范中心

生物学系基础教学实验室于 1994 年成立。1999 年，生物学基础教学实验室通过福建省教育厅的评估。2000 年，生命科学学院进行管理体制改革，成立学院实验教学部和理论教学部。2001 年，实验教学部升格为厦门大学生命科学实验教学中心（以下简称为中心）。自 2000 年起，中心按生命科学的整体思路设计实验教学体系，做到统一标准、统一要求、拓宽知识面，把传统的基础课实验与专业课实验及大实验的教学体系有机地整合在一起，以技术方法为主体，以模块的方式构建内容体系，以综合性实验取代验证性实验，把我院原有的 21 门实验课整合为一套由 6 门基础实验课组成的“现代生物学实验”新体系，避免教学内容的重复。2005 年，“现代生物学实验”获得国家精品课程称号，“生物学本科实验教学体系改革与实践”获得国家教学成果一等奖，“生物学本科实验教学创新体系的建立和实践”获得国家教学成果二等奖。

2006 年,中心达到硬件条件完善、软件体系先进水平,被教育部列入首批“国家级实验教学示范中心”(图 4-1)。自 2013 年开始,中心启动了新一轮的实验教学改革,取消了“动物生物学实验”和“植物生物学实验”,把实验内容重新整合,改设为必修课“普通生物学实验”、选修课“动物生理学实验”及“植物生理学实验”。为加强本科生科研能力的培养,增设了“科研训练”等多门选修课。目前中心为本院学生开设的必修基础实验课有“普通生物学实验”“生物化学实验”“细胞与显微技术学实验”“微生物学与免疫学实验”“遗传与分子生物学实验”;必修实践课有“生物技术生产实训”和“生物学野外实习”;选修实验课有“生物技术学实验”“动物生理学实验”“植物生理学实验”“科研训练”“生物技术应用”“高级遗传学实验”,每年开设的实验实践课程约 12 万生时数。中心开设的实验课内容按照大一引导阶段,大二入门阶段,大三强化阶段和大四提高阶段的培养思路与方案,建立由基础实验课→选修实验课→野外实习或生技实践→探索·科研基金项目、学生创新项目→学年论文和毕业论文构成的阶梯式实验实践教学体系,强化学生的基础知识、专业技能、综合素质和个性化培养,激发学生的科研兴趣,并提升他们的科研能力。中心还面向本校兄弟学院的本科生开设各类生物学实验及实践课,每年约 5 万生时数,实现了校内优质教学资源的共享。

中心依托厦门大学生命科学学院,组建了一支具有丰富教学经验的实验教学队伍,现有专职教师 43 人,专职实验工程技术人员 10 人。中心有实验用房使用面积 5300 m^2,仪器设备 1600 多台(套),共计资产 1860 多万元,设有普通生物学、生物化学、细胞与显微技术学、微生物与免疫学学及遗传与分子生物学课程实验室,以及公用显微镜室、分光室、洁净工作室、细胞培养室、组织培养室、消毒室、药品室、创新实验室等公共平台实验室,专人负责。除此之外,中心还建立了生物技术实训基地。上述实验室和实训基地对实验教学的各门课和院内外师生开放,中心利用学校的网络资源以及校园一卡通的功能,启用信息化管理的门禁刷卡系统,实现实验室的 24 小时开放,不仅为学生的自主性、开放性和创新性的实验和研究提供良好的场所,也为学院的科研提供服务,实现资源共享。

多年来,中心根据人才培养目标和学科发展趋势,积极进行实验教学改革与建设,取得了显著效果。2006 年以来,实验中心承担了国家级及省部级实验教学改革项目 25 项,各类实验教学建设项目 17 项,合计经费 5091 万元。主要获奖成果有:国家级教学成果奖二等奖 2 项,省部级教学成果奖 3 项;国家级教学名师奖 2 人;国家级精品课程 1 门,国家级精品资源共享课 1 门,国家级在线精品课程 2 门,出版数字课程 3 门。

中心还和超过 100 所高校建立了良好的关系,通过促进相互交流学习,加强辐射示范作用,已在全国产生广泛的影响力。

五、基础学科拔尖人才培养试验计划

(一)概况

基础学科拔尖学生培养试验计划亦称“珠峰计划”,是教育部为回应“钱学森之问”,培育 21 世纪科坛“三钱”(即钱学森,钱伟长,钱三强)而出台的一项顶尖人才培养计划。该计划首先从数学、物理、化学、生物、计算机等 5 个基础学科开始试验,每年动态选拔特别优秀的学生,配备一流师资,提供一流的学习条件,创新培养方式,构筑基础科学拔尖人才培养的专门通道。为此,国家设立专项经费,主要用于聘请一流师资,包括聘用有关学科国外高水平教师、国内一流教师授课和担任导师;提供奖学金、国际交流、科研训练等经费;营造一流学术环境与氛围等,努力使受该计划支持的学生成长为相关基础科学领域的领军人物。

厦门大学“生物学拔尖学生培养试验计划”工作从 2010 年开始实施,对拔尖学生的人才培养模式进行了一系列的探索。该计划的培养思路是通过积极整合各方面的资源和优势,形成一个多层次、多平台、多学科交叉、非书院制与书院制有机结合的符合人才成长规律的、高效运转的拔尖人才培养体系(图 4-2)。该计划的培养目标是培养热爱祖国、崇尚科学、具有科学使命感和良好科学文化素养的生命科学研究领域的领军人才,并逐步跻身国际一流科学家行列。

该计划具有起点高、办学高度国际化、人才知识体系高度交叉、成果辐射范围广的特色,并能有效地促进海峡两岸交流。该体系通过促进交叉学科的知识融合与思想碰撞,加强通识教育,弥补之前较单一学科培养体系的不足,开阔学生视野,培养新型创新人才,并汇聚国内外顶级名师,在国内建立与国际名校相似的课程体系,营造国际一流的教学环境,致力于在国内大学培养生命科学领域的学术大师。

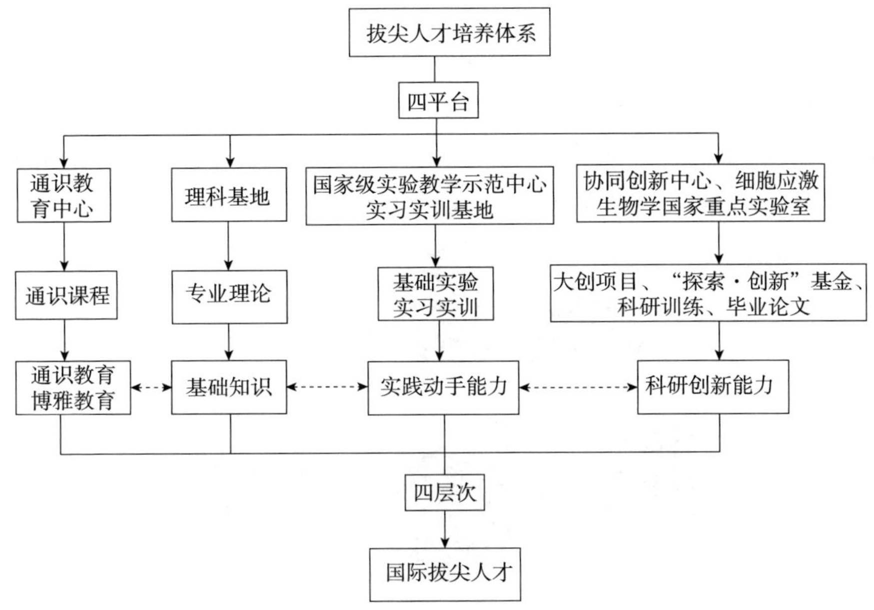

图 4-2 “四平台、四层次”拔尖人才培养体系

(二)拔尖学生的培养模式

1.教书育人贯穿拔尖人才培养全过程

拔尖人才培养注重创新能力与健全人格的综合培养,坚持德育优先,在做事的过程中学习做人。加强学风建设,建立学业指导机制。通过组织“院长面对面”、“导师沙龙”、“学习贯彻十九大”等系列活动,营造积极学习的氛围,培养社会主义核心价值观,助力学生学业发展和个性化成长。

2.推进新型教学组织形式和教学方法改革

必修课与核心选修课采用小班授课,结合混合式教学、小组团队教学、翻转课堂等新型教学组织形式,推进教学方法改革。推进信息技术与教育教学的深度融合，加强网络课程与资源的建设，强化自主性学习、实践性学习、探索性学习，增强学生创新能力。

项目开展以来，系统规划拔尖班培养方案，完善培养的各个环节（图4-3），包括特聘导师、优化教学模式、完善课程组织形式、推进小班化教学、开展素质教育、建立高年级助教（TA）制等，加强了本科生的科研能力、创新意识、协作精神和综合素质的培养，促进了科学研究与教育的融合。

图4-3　拔尖计划主要培养环节

3.拔尖学生培养的课程设置

大一上学期不进行拔尖学生的选拔，所有学生须完成核心课程“普通生物学”的学习。大一下学期进行拔尖学生的选拔。入选拔尖计划的学生从大二学期开始必须完成四门专业核心课程“细胞生物学”“生物化学”“微生物学”“遗传学”和四门核心选修课程（拔尖班学生为必修）“细胞信号转导”“癌症生物学”“免疫学”“发育生物学”的学习。这些课程均采取双语小班教学，由学院从海外引进青年教师进行授课，为进入博伊特勒书院拔尖班的进一步学习做好准备。

大三下学期入选书院拔尖班的学生须完成由博伊特勒先生及其聘请的世界顶尖科学家讲授的4门核心课程的学习，即“Signal Transduction and

Pathophysiological Implications”（细胞信号转导与疾病）、“Frontiers in Immunology”（免疫学前沿）、“Advanced Genetics”（高级遗传学）、“Scientific Writing and Oral Presentation”（英文科学写作与报告），使学生的基础知识、国际视野、英文水平得到迅猛提升。

大四推荐拔尖班学生到国外一流大学做毕业论文，使学生的基础知识和科研能力进一步提高。

4.拔尖学生创新科研能力的培养

为培养拔尖学生的创新思维及科研能力，学院整合一流的教学科研资源，搭建科研训练和创新创业优质实践平台，建立了一套符合拔尖人才成长规律的“基础生物学实验实践”课程体系（图 4-4），为拔尖学生创新科研能力奠定了坚实的基础。

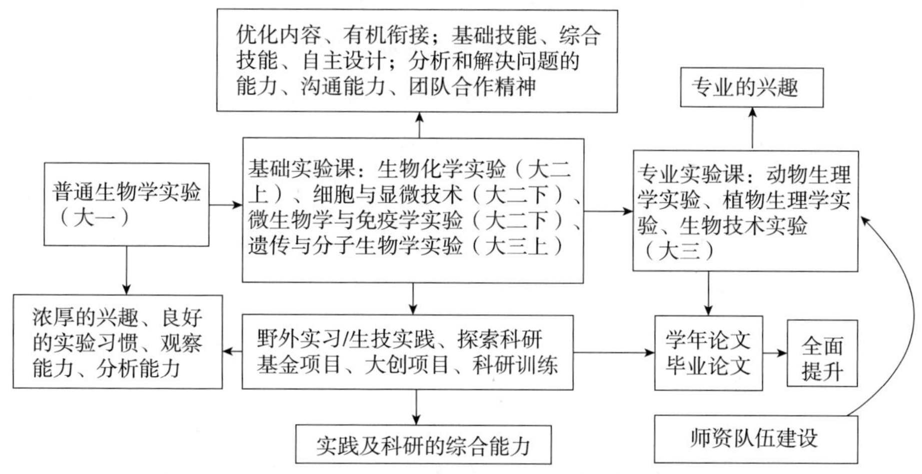

图 4-4　符合拔尖人才成长规律的“基础生物学实验实践”课程体系

（1）基础实验能力的培养

在大一大二阶段开设 5 门基础实验课，由教育部首批的国家级生命科学实验教学中心负责实施，旨在对学生理解实验背景、掌握基础实验操作、培养优良的实验习惯、把握实验设计思路及分析实验结果等基本科研素质进行训练和提高。

(2) **实习实践能力的培养**

在大二升大三学年短学期，为学生设置了野外实习、生物技术生产实训等实践类课程，增强对生命科学和生物产业的感性认识。

厦门大学生科院建有南靖虎伯寮亚热带原始森林、漳江口国家级红树林自然保护区和武夷山国家级自然保护区3个生物学野外实习基地，有独特的地缘优势，且在野外研究方面有丰富的积累，给学生走出校门，体验大自然，对生命科学产生敬畏感提供了非常好的实践平台。此外，学院2009年在漳州校区建成校内生物技术实训基地，包括种子车间、发酵车间、粗制车间、精制车间、化验中心等，实训基地使用面积2500 m^2，设备总值600多万元；2018年，因漳州校区实训基地部分主要设备严重老化，从安全方面及方便学生实训的开展方面综合考虑，学院2018年在翔安校区重建了生物技术实训基地，并从漳州校区迁回了240万的设备并新购置了190万的设备。校内实训基地的建成，有利于提升生物技术专业的实践教学质量。学院还在厦门海沧生物医药港相关企业、漳州片仔癀药业股份有限公司、泉州生物医药港相关企业等签约企业建立长期稳定的校外实训基地，让学生走出校门到企业亲身体验生物产业的发展，在实训中真正学知识、长才干，坚定专业学习的信念，探索校企联合培养创新型人才、实用型人才的新模式。

(3) **科研训练**

结合每年大创项目[①]的申报，学院积极鼓励大三年级的拔尖学生参与科研训练，让拔尖学生在一线的科研实践中得到全方位的培训，激发拔尖学生对生命科学研究的兴趣，培养其独立思考和自由探索的能力。该过程主要依托我院细胞应激生物学国家重点实验室、国家传染病诊断试剂与疫苗工程技术研究中心、

---

① 大学生创新创业训练计划(简称“大创”)是在教育部的指导下，由高校设立的，内容包括创新训练项目、创业训练项目和创业实践项目。其设立是为了进一步强化实践育人理念，改革人才培养模式，强化大学生的创新精神和创业能力培养，提升大学生的综合素质，培养适应创新型国家建设需要、适应各行各业发展需要的高素质人才。

天然产物源靶向药物国家地方联合工程实验室等 5 个国家和教育部平台的强大的生物医学科研优势。另外，学院建设和完善了学院分析测试中心以及学院共享实验平台，为拔尖学生科研能力的培养提供了有力保障。

依托拔尖计划和国家基础科学人才培养基金科研训练项目经费，学院面向全院学生设立“探索·科研”基金，优先资助拔尖班学生开展科研项目研究。拔尖班学生必须主持科研探索项目，并参加科研训练。导师需具备副高以上职称，并有独立实验室，负责指导、监督项目的完成和质量。

（三）实施成效

截至 2020 年 7 月，拔尖计划共有 289 名学生参与。经动态考核，已有 6 届学生（2010－2015 级）共计 174 人顺利完成拔尖计划培养方案毕业，79％的拔尖班毕业生升学到国内一流高校或科研机构，16％的毕业生到国外一流高校深造。

典型案例

吴甜甜，2010 级拔尖班学生。2014 级厦大直博生，以第一作者在 *Cell Metabolism* 发表评述 1 篇、共第一作者（排第 2）在 *Oncotarget* 发表 1 篇论文、第一作者在 *Protein Cell* 发表 2 篇论文。获研究生国奖、校长青奖学金、校优三好生。

刘清许，2011 级拔尖班学生。2015 级厦大直博生，以共第一作者在顶级刊物 *Cancer Cell*（IF＝23.8）发表研究论文 1 篇。作为参与作者在 *Nature* 子刊 *Nature Communications*（IF＝11.4）发表研究论文 1 篇。

范婧雯，2013 级拔尖班学生，博伊特勒书院首届拔尖班学生。被剑桥大学医学院录取为 PhD 学生，并获得代表剑桥大学学生至高荣誉的盖茨奖学金，成为厦门大学历史上的首位盖茨学者，也是 2017 年度盖茨学者中，唯一一个毕业于国内高校的中国大陆学生。

谷若瑜，2014 级拔尖班学生，博伊特勒书院第二届拔尖班学生。大二暑期赴剑桥大学进行暑期交流；大三上学期赴台湾大学交换学习；大四赴美国洛克菲勒大学进行毕业设计；研究生阶段到美国名校哥伦比亚大学深造。在校期间曾获校级工行奖学金、优秀毕业生等奖励，2015—2016 年度，她还带领团队运营学院官方微信公众号获得“最具影响力学院官微”。

吕炳南，2014 级拔尖班学生，博伊特勒书院拔尖班第二届毕业生，被剑桥大学医学院录取为 PhD 学生，并获得剑桥大学学生至高的盖茨奖学金，他也是 2019 年盖茨学者中唯一毕业于大陆高校的学生。大四期间，赴美国洛克菲勒大学进行毕业设计。在校期间，连续两年获得国家奖学金。

宗岳，2011 级拔尖班学生，博士入学至今已参与发表 5 篇高水平研究性论文，其中 3 篇作为共同第一作者的论文分别发表在"*Nature*"、"*Cell Metabolism*"和"*Cell Research*"杂志上，并参与编写了"*Methods in molecular biology*"。其中 2017 年在"*Nature*"上发表的论文"Fructose-1,6-bisphosphate and aldolase mediate glucose sensing by AMPK"，揭示了机体感受葡萄糖水平并调节代谢模式的机制。

（四）博伊特勒书院

创办博伊特勒书院（简称书院）是厦门大学探索拔尖人才培养模式的一个重要实践，目标是探究在国内高校如何培育未来能引领国际科技前沿的创新型人才这一重大课题。书院由中科院院士、厦大副校长韩家淮教授牵头，以其博士导师、2011 年诺贝尔生理学或医学奖得主博伊特勒（Bruce Beutler）先生的名字命名设立。博伊特勒先生与我校具有深厚渊源，早在 2010 年其尚未获诺奖之时就是我院的特聘教授。先生对厦大有深厚的情谊，通过建立书院并亲力亲为，始终如一为厦大乃至我国生命科学培养拔尖人才是先生支持厦大和中国教育事业的重要举措。

博伊特勒书院从诞生起就具有以下鲜明的特色。

第一，在培养体系上，书院建立了"普适计划"和"拔尖计划"两套培养体系，分层次因材施教，既能让拔尖人才脱颖而出，发挥带动示范效应，又能激励其他学生努力奋进；既符合人才成长规律，又能培养出满足社会需求的不同层次的人才。"普适计划"每年从厦门大学生命医学学部 4 个学院（生科、公卫、医学、药学）遴选 150 名新生进行培养；"拔尖计划"每年由博伊特勒先生亲自从"普适计划"及海峡两岸多所著名高校遴选约 20 名优秀的大三学生，聘请世界顶尖科学家采用国际一流大学教材，实行为期一学期的全英文授课，营造国际一流的学习环境，让学生在本土成长成才，达到甚至超过了在国外培养的效果。书院整合了学校和相关院系的优质教学和科研资源，形成人才培养 4 大平台，充分发挥各平台优势功能，同时书院注重通识及博雅教育、基础知识、实践动手能力、科创能力 4 个层次的均衡培养，全方位提升学生的综合素质。

第二，“普适计划”采用住宿书院制，有力地促进了学科间的交叉融合。来自生科、公卫、医学、药学 4 个学院的学生混合住宿，一起参加集体活动。同时集中 4 个学院的优势教学资源，开设共同的通识教育课程、创新创业课程和前沿学术讲座，并打通跨学科选课，有力地促进了学科间的交叉融合和跨学科人才的培养。

第三，从建立书院到设计培养方案、招募教师、招生、授课，博伊特勒先生都亲力亲为，保证书院从成立至今一直保持着高起点、高定位、高品质。

第四，书院广招“天下”英才而育之。书院“拔尖计划”放眼海峡两岸高校，打破学校壁垒，旨在为国家培养人才。由博伊特勒先生亲自面试筛选优质生源进入书院“拔尖计划”，目前已汇聚了来自厦大、浙大、中科大、山大、南开和台湾长庚大学及新竹清华大学的拔尖学生。

第五，书院打造了全球顶尖的师资队伍。书院“拔尖计划”的 4 门核心课程“Signal Transduction and Pathophysiological Implications”（细胞信号转导与疾病）、“Frontiers in Immunology”（免疫学前沿）、“Advanced Genetics”（高级遗传学）、“Scientific Writing and Oral Presentation”（英文科学写作与报告），由博伊特勒及其邀请的美国院士、英国院士、欧洲分子生物学组织会士等著名科学家（目前已超过 45 人次）进行全英文授课。书院的特色课程以及高端讲座也由海峡两岸的高层次人才开设（目前获得各种国家级人才称号的业内名师总计授课 51 人次）。“所谓大学者，非谓有大楼之谓也，有大师之谓也”。这些一流名师除了课堂教学，课后还与学生进一步交流，极大拓宽了学生学术视野，激发了其科研热情。

第六，书院注重国际化人才的培养。学生从书院“拔尖计划”结业后（大三下学期末结业），由博伊特勒先生及其邀请的著名科学家推荐到国外一流大学（包括耶鲁大学、剑桥大学、牛津大学、洛克菲勒大学、德州大学西南医学中心等）做毕业论文，然后进入国际一流大学继续深造。

自 2015 年建立以来，博伊特勒书院在人才培养上不负众望，目前已经取得了可喜的成绩。主要表现在以下几个方面。

1.学生的科研兴趣得到了更好的激发，科研创新能力实现较大提升。近年来，书院本科生主持大创项目数稳居全校前列，书院学生参与的多项国内外创新创业比赛均获大奖，比如在 2018 和 2019 年中国"互联网＋"大学生创新创业大赛竞赛中就获得了二金一银的好成绩。

2.书院学生的综合素质及国际竞争力显著提升。书院"拔尖计划"培养的毕业生大多数进入世界顶尖大学(世界排名前名 40)深造，其中 97.4%的书院拔尖学生进入全球顶尖课题组(包括国内课题组)深造。可喜的是，越来越多的书院优秀拔尖学生意愿留在国内顶尖课题组(如施一公院士、邵峰院士、韩家淮院士等课题组)深造，从侧面说明我国正在逐渐成为培育未来学术大师的一方沃土，而拔尖班学生正是未来科学研究的生力军。

3.书院已培养出一批非常优秀的毕业生。比如，书院拔尖班毕业生范婧雯(2013 级)、吕炳南(2014 级)分别于 2017 年和 2019 年被剑桥大学录取为 PhD 学生，获代表剑桥学生至高荣誉的盖茨奖学金，而且他们还是当年度盖茨学者中唯一毕业于国内高校的中国大陆学生！

4.在书院的带动下学生的专业认同感显著增强。近几年生科院"生物科学类"本科第一志愿率大幅提升。

5.书院辐射带动作用强劲。博伊特勒书院的人才培养模式在校内惠及生命医学部的四个学院，在校外辐射范围则扩展至浙江大学、中国科学技术大学、南开大学、山东大学等大陆高校，以及台湾长庚大学、台湾清华大学等境外高校，极大地促进了海峡两岸人才培养的交流与合作。

书院的建设得到教育部教指委专家和社会的高度认可，基于书院的教改项目"博伊特勒书院——生命科学拔尖人才培养体系的构建与实践"获得了 2018 年国家级教学成果二等奖。

第五章 学术成就

学院一直以来秉承“自强不息，止于至善”的校训，弘扬生物学人勇探真知、执着追求的优良传统，紧跟时代发展步伐，聚焦并解决若干领域核心科学问题，占领学术高地，取得丰硕的成果并获得广泛认可。

第一节　获奖学术成果

序号	奖励名称	奖励等级	成果名称	完成人员	合作单位	年份
1	全国科学大会		胰脏吸虫的生物学及流行病学的研究	唐崇惕、唐仲璋		1978
2	国家自然科学奖	三	阔盘胰吸虫和方形双腔吸虫的流行病学和生物学	唐仲璋、唐崇惕		1982
3	国家科委进步奖	三	闵盘殖吸虫和矛形双腔吸虫的流行病学和生物学	唐仲璋、唐崇惕		1983
4	福建省高教厅科技成果奖	二	植物显微解剖的新方法和应用	赵修谦		1984
5	福建省高教厅科技成果奖	二	金定鸭（高产蛋鸭）的培育	张松踪、吴锡谋、赖垣忠、陈瑞羡		

续表

序号	奖励名称	奖励等级	成果名称	完成人员	合作单位	年份
6	福建省高教厅科技成果奖	二	关于动物细胞分化过程中的主要细胞器—高尔基体,线粒体,微管系统的演进规律及其功能研究	汪德耀、林英美、黄宗平、陈睦传、林加涵		1984
7	福建省高教厅科技成果奖	二	肺吸虫病的病原生物学和流行学的研究	何玉成、杨文川、陈清泉、林秀敏、严如柳、洪凌仙、卢淑莲		
8	福建省高教厅科技成果奖	二	贝类寄生吸虫的生物学及经济贝类吸虫病的研究	唐崇惕、唐仲璋		
9	福建省高教厅科技成果奖	三	鸡沙氏住白虫病的流行学及其传播媒介的研究	林宇光、陈清泉、何玉成、严如柳、张财兴		
10	福建省高教厅科技成果奖	三	福建部分经济蠕虫的生物学及流行学的研究	唐仲璋、唐崇惕		
11	福建省高教厅科技成果奖	三	猪姜片虫病防治技术	翁玉麟、庄总来		
12	福建省高教厅科技成果奖	三	硅藻分类系统的探讨	金德祥		
13	福建省高教厅科技成果奖	三	文昌鱼酶学的研究	颜思旭、陈素丽、蔡红玉		

续表

序号	奖励名称	奖励等级	成果名称	完成人员	合作单位	年份
14	福建省高教厅科技成果奖	三	中国红树林研究	林鹏		1984
15	福建省高教厅科技成果奖	三	中国冬青科植物志资料	曾沧江		
16	福建省高教厅科技成果奖	三	柑桔缺硼不实的防治技术研究	叶德炽、连玉武		
17	福建省高教厅科技成果奖	三	五加科分族新纲要	曾沧江、何景		
18	福建省高教厅科技成果奖	四	巴西橡胶树零上低温伤害及其抗寒性指标的探讨	何景、杨汉金、林梅馨		
19	国家科技进步奖	二	金定鸭培育	张松踪、吴锡谋、赖垣忠、陈瑞羡、陈石龟	龙海县金定村	1985
20	福建省科学技术奖	一	人畜血吸虫病病原生物学及流行学的研究	唐仲璋、唐崇惕		1986
21	福建省科学技术奖	二	我国禽畜和动物绦虫病的病原学及流行学研究	林宇光、关家震、杨文川、洪凌仙		

续表

序号	奖励名称	奖励等级	成果名称	完成人员	合作单位	年份
22	国家自然科学奖	三	中国动物志变性动物门吸虫纲抚复殖目(一)	陈心陶、王溪云、许鹏如、李桂云、汪涛钦、柯小麟、顾昌栋、唐仲璋、唐崇惕、蔡尚达	中山医科大学	1987
23	国家自然科学奖	二	《中国植被》	林鹏(编撰者之一)	中国科学院植物研究所(主持单位,集体奖)	
25	国家自然科学奖	四	福建省寄生虫病病原微生物及流行学研究	唐仲璋、唐崇惕		1989
26	国家自然科学奖	四	福建省寄生虫病病原(吸虫,绦虫及植物线虫)生物学及流行学研究	唐仲璋、唐崇惕		1990
27	福建省科学技术奖	二	福建九龙江口红树林生态学定位研究	林鹏、卢昌义、陈荣华、林光辉、连玉武		1992
28	福建省科学技术奖	三	福建禽畜球虫病的病原生物学和病理学研究	洪凌仙、林宇光		
29	福建省科学技术奖	三	作物根结线虫和水稻干尖线虫研究	潘沧桑、王生元、林竞、颜金村、蔡英黎		
30	厦门市科学技术奖	三	养殖对虾病害的预测预报及其防治	许宏毅、杨淑专、苏文金、黄克服		1993

续表

序号	奖励名称	奖励等级	成果名称	完成人员	合作单位	年份
31	福建省科学技术奖	三	红树林扩种及北移引种技术抗寒机理研究	林鹏、卢昌义、杨盛昌、沈瑞池、王恭礼		1994
32	国家科技进步奖	三	中国红树林的环境生态和利用	林鹏、卢昌义		1996
33	国家教委科技进步奖	二	大豆和花生根瘤菌氢酶的研究	许良树、张凤章		
34		三	广西红树林生态学研究	林鹏、郑文教		
35		三	我国棘球蚴病的病原学和流行学研究	林宇光、洪凌仙、陈信忠、蒋弘平		
36	福建省科技进步奖	二	福建省禽鸟住白虫病和血变虫病的病原生物学研究	洪凌仙、林宇光、陈信忠、蒋弘平		
37		三	福建沿岸微型硅藻	程兆第、高亚辉、刘师成		
38	福建省科技进步奖	三	人肝细胞癌裸鼠模型的建立	杨善民、陈福		1997
39	厦门市科技进步奖	三	养殖对虾病毒性疾病及其预防的研究	苏文金、沈国英、陈细法、沈明山、苏永泉、宋思扬、周时强、陈晋安、林均民、许宏毅、杨淑专、郭丰、陈平、薛茹、张池、张朝霞、罗文新		

续表

序号	奖励名称	奖励等级	成果名称	完成人员	合作单位	年份
40	教育部科技进步奖	二	人畜线虫病	唐仲璋、唐崇惕		1998
41		三	重要海洋经济动物对虾生殖细胞发生研究	洪水银、李祺福、周时强、黄加祺、倪子绵		
42		三	深港治理深圳河环境评估研究	林鹏(生态组负责人)等	北京大学、清华大学	
43	福建省科学技术进步奖	二	用辐照花粉创造水稻优质高效新种质的技术研究	王侯聪、邱思密、陈如铭、杨觉民、方亚顺		
44		三	超声介入光动力治疗原发性肝癌的研究	曾超英、杨栋、陈马骥、吕国荣、黄萍	福建医科大学附属第二医院	
45		三	膜分子生物学	洪水根、汪德耀		
46	福建省科学技术进步奖	二	硅藻彩色图集	程兆第、高亚辉、Mike Dickman	香港大学	1999
47		二	植物群落学	林鹏		
48		三	优质菜栽培与加工技术研究	陈艺生、黄耀坚、叶志伟、郑忠辉、林阴荫	厦门市同安区农业科学研究所	
49	厦门市科技进步奖	二	早晚兼用水稻新品种选育	陈如铭、王侯聪、邱思密、辛泽毓、方亚顺		

续表

序号	奖励名称	奖励等级	成果名称	完成人员	合作单位	年份
50	中国高等学校科学技术奖	一	艾滋病毒重组抗原及第三代艾滋病毒抗体EIA诊断试剂盒的研制	夏宁邵、张军、李少伟、严延生、黄鹤、顾竞飞、林长青、于恩庶、郭庆、陈滨晖、邱子欣、杨海杰、顾颖、彭耿、曾定	福建省卫生防疫站、北京万泰生物药业有限公司	2000
51		二	根结线虫及其生物防治的研究	潘沧桑、林竞、王元生		
52	福建省科学技术进步奖	三	红树林生理生态学研究	林鹏、林益明、郑文教、郑海雷、王文卿		
53		三	福建植被的群落生态学研究	林鹏、李振基、丘喜昭、叶庆华、王良睦		
54	厦门市科学技术进步奖	二	HIV基因工程重组抗原及第三代HIV1+2抗体ELISA试剂盒的研制	夏宁邵、张军、李少伟、黄鹤、严延生、顾竞飞、林长青	福建省卫生防疫站、北京万泰生物药业有限公司	
55	厦门市科学技术进步奖	三	优质稻新品种佳禾早占的试验、示范、推广	洪瑞和、廖新英、方亚顺、孙青芝、蔡金镭、白飞凤、王侯聪、温炳杰、林永让	厦门市农业技术推广中心、厦门市种子管理站	
56		三	大剂量国产胸腺肽联合干扰素治疗慢性乙肝及其机理	陈国良、颜江华、欧阳丽娟、苏文金、吴晓鹭、宋思扬	厦门市中医院	

续表

序号	奖励名称	奖励等级	成果名称	完成人员	合作单位	年份
57	国家科学技术奖科技进步奖	二	艾滋病毒重组抗原及第三代艾滋病毒抗体 EIA 诊断试剂盒的研制	夏宁邵、张军、李少伟、严延生、黄鹤、顾竞飞、林长青、于恩庶、郭庆、陈滨晖	福建省卫生防疫站、北京万泰生物药业有限公司	2001
58	福建省科学技术进步奖	三	铁蛋白铁核结构与新功能研究	黄河清、林庆梅、张风章		
59	厦门市科学技术进步奖	重大贡献奖	HIV 基因重组抗原及第三代 HIV1 + 2 抗体 ELISA 试剂盒的研制	夏宁邵		
60	福建省科学技术进步奖	三	优质早籼稻新品种“佳禾早占”的选育和推广	王侯聪、郑旋、方亚顺、陈双龙、池晓雯		2002
61	厦门市科学技术进步奖	三	九孔鲍病毒病的研究	黄印尧、吴文忠、方莹、陈信忠、颜江华、倪子绵	中华人民共和国厦门出入境检验检疫局、中华人民共和国东山出入境检验检疫局	
62	福建运盛青年科技奖		艾滋病毒重组抗原及第三代艾滋病毒抗体 EIA 诊断试剂盒的研制	夏宁邵		
63	福建运盛青年科技奖		福建沿岸微型硅藻	高亚辉		

续表

序号	奖励名称	奖励等级	成果名称	完成人员	合作单位	年份
64	第十三届王丹萍科学技术奖	二	艾滋病毒重组抗原及第三代艾滋病毒抗体 EIA 诊断试剂盒的研制	夏宁邵		2002
65	福建省科学技术进步奖	三	养殖环境污染对长毛对虾磷酸酯酶活力的影响	陈素丽、陈清西、周海梦、杨佩真、颜思旭	清华大学	2003
66	厦门市科学技术进步奖	三	PCR 方法检测食品中转基因成分 35S 和 NOS 的研究	刘光明、苏文金、梁基选、王群力、栾国彦、陈伟玲、宋思扬、李庆阁	中华人民共和国厦门出入境检验检疫局	
67	教育部提名国家技术发明奖	一	松材线虫早期诊断检测管的研制与应用	潘沧桑、秦复牛、黄耀坚、林志伟、钟景辉、裴正非、刘凡、李舟、陈亮		2004
68	中华医学科技奖	一	戊型肝炎病毒基因 4 型及其分子生物学和家畜感染研究	王佑春、张华远、庄辉、李卓、吴星、夏宁邵、杨军、蓝海云、辜文洁、林京香、黄维金、郝娃、李河民	中国药品生物制品鉴定所、北京大学医学部、北京市卫生局肝炎研究所	
69	北京市科学技术奖	三	艾滋病毒抗体快速诊断试剂盒的研制	彭耿、李少伟、童勋章、王颖彬、林长青、陈毅歆		

续表

序号	奖励名称	奖励等级	成果名称	完成人员	合作单位	年份
70	厦门市科学技术进步奖	二	人类T淋巴细胞白血病病毒重组抗原及抗体诊断试剂盒的研制	张军、王颖彬、尹红章、彭耿、夏宁邵、张国忠、罗文新、程通、吴婷、李秀华	中国药品生物制品检定所、北京万泰生物药业有限公司、莆田市中心血站	2004
71	福建省杰出科技人员奖		艾滋病毒重组抗原及第三代抗体诊断试剂盒的研制	夏宁邵		
72	福建省科技进步奖	一	蔬菜中农药、硝酸盐、亚硝酸盐和重金属残留的快速低成本检测仪器和方法研究	陈国南、谢增鸿、黄文风、陈曦、庄峙厦、吴刚、蔡琪、黄敏、郭良洽、林旭聪	福州大学、福建省测试技术所、福建农林大学植物保护学院	2005
73		三	福建省7个晋升国家级自然保护区的生物资源调查与研究	林鹏、李振基、林益明、陈小麟、黄耀坚		
74		三	海水养殖病害病原检测及防治的开发研究一对虾和大黄鱼等鱼类主要病原检测及防治的开发研究	陈新华、杨丰、徐洵、关瑞章	国家海洋局第三海洋研究所、集美大学	
75		三	猪瘟、猪口蹄疫抗体金标试纸条研究和应用	金颜辉、黄印尧、张长弓、梁全顺、方莹	福建省农业厅畜牧兽医总站、厦门市出入境检验检疫局	

续表

序号	奖励名称	奖励等级	成果名称	完成人员	合作单位	年份
76	海洋创新成果奖	二	海水养殖病害病原检测及防止的开发研究	陈新华、杨丰、徐洵、彭宣宪、关瑞章、徐丽美、王小文、王三英、黄文树	国家海洋局第三海洋研究所、集美大学	2005
77	厦门市科学技术进步奖	二	SARSB病毒荧光PCR核酸检测试剂盒的研制	牛建军、李庆阁、黄建炜、梁基选、宋庆涛、张永有、邱检萍、程扬健、李莉、徐雪荣	厦门市疾病预防控制中心、英科新创(厦门)科技有限公司	
78		二	转基因作物及其食品的定量PCR检测体系研究	刘光明、苏文金、宋思扬、陈伟玲、蔡慧农、王根芳、刘棠、李庆阁	中华人民共和国厦门出入境检验检疫局、集美大学生物工程学院	
79		三	厦门鹭类分类及其种群动态研究	陈宗团、陈小麟、王博、林清贤、朱开建、周晓平、孙雷	厦门大屿岛白鹭自然保护区管理处	
80	教育部自然科学奖	二	台湾海峡微型浮游生物生态研究	洪华生、黄邦钦、郑天凌、王大志、高亚辉、张钒、王海黎、黄加祺、李少菁、阮五崎、柯林、陈钢、朱长寿、林元烧	厦门大学海洋与环境学院	2006

续表

序号	奖励名称	奖励等级	成果名称	完成人员	合作单位	年份
81	福建省科学技术进步奖	一	优质早稻新品种佳辐占的选育与应用	王侯聪、黄华康、方亚顺、张轼、蔡金镭、邱思密、孙传芝、池晓雯、黄育民、郑旋		2006
82		二	Axin在控制细胞生长及应激反应两种途径中双功能性转换机制及结构基础	林圣彩、叶志云、李勤喜、罗雯、金利华、邹海鹰		
83	中国人民解放军总后勤部科技进步奖	二	视黄酸作用的分子机制及抑制肿瘤转移的应用研究	吴乔等	南京军区第174医院、南京军区第175医院	
84	厦门市科技进步奖	三	压舱水有害赤潮藻的采样与检测技术研究	熊焕昌、高亚辉、杨浩、杨清双、梁君荣、金朝荣、兰湛华、李雪松、陈长平、邢小丽	厦门市厦门环宇卫生处理有限公司、厦门出入境检验检疫局	2007
85	福建运盛青年科技奖			林益明		
86	福建省科学技术奖	二	水生低等动物及其病原菌的蛋白质组学研究	彭宣宪、王三英、李惠、章跃陵、彭博	中山大学	2007

续表

序号	奖励名称	奖励等级	成果名称	完成人员	合作单位	年份
87	厦门市科学技术进步奖	一	胃癌生长方式、临床病理特征的分子基础研究	蔡建春、刘棣、张海萍、钟山、夏宁邵、游枫红、张祥福、吴心愿、杨发端	福建医科大学附属厦门第一医院、福建医科大学附属协和医院	2008
88	厦门市科学技术进步奖	三	大肠癌 APC 基因和 K—ras 基因高通量筛检技术方法研究	刘忠臣、李庆阁、郑薇薇、王效民、丁志杰、邱兴烽、白利平、张诗峰、刘晓东	厦门大学附属中山医院	2008
89	教育部高等学校科学研究优秀成果奖—技术发明奖	二	松材线虫快速分离器的研制与应用	潘沧桑、钟景辉、刘凡、王宏毅、康文通、温小遂		2009
90	福建省科学技术奖	一	戊型肝炎病毒优势构象性抗原决定簇的发现及其在诊断中的应用	夏宁邵、葛胜祥、李少伟、张军、李益民	北京万泰生物药业股份有限公司	2009
91	福建省科学技术奖	二	微生物病原体快速检测新方法的建立及其意义	彭宣宪、王三英、周裕琳、朱海、纪念念、彭博		2009
92	福建省科学技术奖	三	多酚氧化酶抑制剂用于新型生物农药的创制	陈清西、王勤、石艳、宋康康、邱凌		2009

续表

序号	奖励名称	奖励等级	成果名称	完成人员	合作单位	年份
93	厦门市科技进步奖	一	戊型肝炎病毒优势构象性抗原决定簇的发现及其在诊断中的应用	夏宁邵、葛胜祥、李少伟、张军、李益民、顾颖、郭清顺、彭耿、吴文翰、闫强	北京万泰生物药业股份有限公司	2009
94		三	文昌鱼人工增养殖技术	王义权、方少华、张秋金、钟婧、吕小梅、孙毅、李光	福建海洋研究所	
95		三	口蹄疫病毒的诊断试剂盒及其基因工程疫苗的研制	陈亮、李寿崧、郭小玲、沈明山、邵寒娟		
96		三	基因编码识别技术在食源性致病菌快速检测中的应用研究	牛建军、李庆阁、黄建炜、温慧欣、杨薇、黄秋英、张建梅、胡思玉、陈泽辉、翁琴云	厦门市疾病预防控制中心	
97	国家科学技术奖技术发明奖	二	戊型肝炎病毒免疫优势构象性抗原决定簇的发现及其在诊断中的应用	夏宁邵、葛胜祥、李少伟、张军、李益民、顾颖	北京万泰生物药业股份有限公司	2010
98	教育部高等学校科学研究优秀成果奖	一	细胞坏死分子机制的研究	韩家淮、张端午、谢昌传、张娜、周化民		
99	厦门市科技进步奖	二	佳辐占优质早稻的产业化	王侯聪	厦门好年东米业有限公司	

续表

序号	奖励名称	奖励等级	成果名称	完成人员	合作单位	年份
100	国家科学技术进步奖	二	坛紫菜新品种选育、推广及深加工技术	严兴洪、陈昌生、左正宏、茅云翔、黄健、谢潮添、李琳、宋武林、詹照雅、张福赐	上海海洋大学、集美大学、中国海洋大学、福建省水产技术推广总站、福建申石蓝食品有限公司、厦门新阳洲水产品工贸有限公司	2011
101	福建省科学技术进步奖	二	龙眼褐变致腐机理及微生物保鲜关键技术的研究与应用	刘波、陈清西、车建美、郑雪芳、唐建阳、朱育菁、林抗美	福建省农业科学院农业生物资源研究所	
102	厦门市科技进步奖	二	无偿献血者隐匿性乙肝病毒感染检测体系的建立及应用	陈长荣、袁权、欧山海、倪宏英、陈清瑞、林永财、裴斌、张军	厦门市中心血站	
103	中国科学十大进展		揭示营养匮乏引发细胞自噬的分子机制	林圣彩		2012
104	中国高等学校十大科技进展		重组戊型肝炎疫苗（大肠杆菌）	夏宁邵		

续表

序号	奖励名称	奖励等级	成果名称	完成人员	合作单位	年份
105	中国专利奖	金奖	戊型肝炎病毒单克隆抗体及其用途	夏宁邵、张军、顾颖、李少伟、葛胜祥、何志强		2012
106	福建省科学技术奖	一	孤儿受体TR3通过信号转导通路抑制肿瘤细胞生长的新机制	吴乔、陈航姿、占艳艳、赵必星、沈月毛		
107	福建省科学技术奖	二	老年痴呆症发病机制研究	许华曦、张云武、张弦、张含		
108	国家自然科学奖	二	TNF诱导的细胞坏死分子机制的研究	韩家淮、张端午、张娜、谢昌传、周化民		2013
109	第六届谈家桢生命科学奖成就奖			韩家淮		
110	福建省科学技术奖	二	内源性抗炎介质—脂氧素抑制子宫内膜异位症的分子机理	陈琼华、陈清西、苏志英、周卫东、许雅云、杨蕙铭、李志勇	厦门大学附属第一医院、华中科技大学同济医学院附属同济医院	
111	福建省科学技术奖	三	产蛋异常种(蛋)禽H9亚型禽流感研究与应用	黄瑜、傅光华、万春和、陈亮、施少华	福建省农业科学院畜牧兽医研究所	
112	福建省科学技术奖	重大贡献奖		夏宁邵		

续表

序号	奖励名称	奖励等级	成果名称	完成人员	合作单位	年份
113	福建青年科技奖			周大旺		2013
114	厦门市科学技术奖进步奖	三	急性髓系白血病分子诊断的方法建立和临床应用研究	鹿全意、陈亚玫、洪秀理、李志鹏、赵江宁、李庆阁	厦门大学附属中山医院	
115	福建省科学技术奖	一	手足口病系列免疫诊断试剂的研究与应用(科技进步奖)	葛胜祥、徐飞海、陈毅歆、牛建军、何水珍、杨坤宇、乔杉、程通、夏宁邵、张军	北京万泰生物药业股份有限公司、厦门市疾病预防控制中心、厦门万泰凯瑞生物技术有限公司	2014
116	福建省科学技术奖	重大贡献奖		林圣彩		
117	厦门市科学技术进步奖	二	手足口病系列免疫诊断试剂的研究及应用	葛胜祥、徐飞海、陈毅歆、牛建军、何水珍、杨坤宇、乔杉、程通	北京万泰生物药业股份有限公司、厦门市疾病预防控制中心、厦门万泰凯瑞生物技术有限公司	
118	厦门市科学技术进步奖	二	抗癌效应物及肿瘤耐药性标志物的应用研究	沈东炎、陈清西、罗琪、王勤、黄桂丽、张志明、李华亮、芮钢	厦门大学附属第一医院	

续表

序号	奖励名称	奖励等级	成果名称	完成人员	合作单位	年份
119	厦门市科学技术进步奖	二	新颖的酪氨酸酶抑制剂合成及其在果蔬保鲜和化妆品中的应用研究	陈清西、胡泳华、王勤、石艳、潘志针、柴纬明、李智聪、贾玉龙		2014
120	厦门市科学技术进步奖	二	乳腺癌干细胞增殖调控及淋巴转移的机制	张志明、李博安、吴秋婉、骆启聪	厦门大学附属第一医院	
121	厦门市科学技术进步奖	三	有机锡的毒性效应与机制及其在生态风险评价中的应用	王重刚、左正宏、张纪亮、蔡嘉力、李博文、孙凌斌、赵扬、王新丽	河南科技大学	
122	中国生命科学领域十大进展		细胞炎性坏死机制	韩家淮团队		2015
123	求是杰出科技成就集体奖			夏宁邵团队		
124	福建省科学技术奖	重大贡献奖		韩家淮		
125	全国创新争先奖			韩家淮		2017
126	全国创新争先奖			夏宁邵		
127	中国生命科学领域十大进展		细胞感应葡萄糖水平并调控代谢的分子机制	林圣彩团队		

续表

序号	奖励名称	奖励等级	成果名称	完成人员	合作单位	年份
128	福建省自然科学奖	一	孤儿核受体 TR3/Nur77 功能多样性及调控功能的化合物研究	吴乔、林天伟、陈航姿、李莉、李博安		2017
129	福建省科学技术进步奖	二	流感广谱表位的发现及流感抗原免疫诊断试剂的研制与应用	陈毅歆、杨坤宇、邱子欣、袁权、葛胜祥、乔杉、徐飞海	厦门国际旅行卫生保健中心、北京万泰生物药业股份有限公司、厦门万泰凯瑞生物技术有限公司	
130	厦门市科技进步奖	二	流感系列免疫诊断试剂的研发与应用	陈毅歆、杨坤宇、邱子欣、袁权、葛胜祥、乔杉、徐飞海、夏宁邵	厦门国际旅行卫生保健中心、北京万泰生物药业股份有限公司、厦门万泰凯瑞生物技术有限公司	
131	厦门市专利奖	特等	一种检测核酸序列变异的方法	李庆阁、黄秋英		
132	福建青年科技奖			邓贤明		

续表

序号	奖励名称	奖励等级	成果名称	完成人员	合作单位	年份
133	福建省自然科学奖	一	细胞感知营养物质与能量的分子机制	林圣彩、林舒勇、张宸崧、李阳、叶志云		2018
134	紫金科技创新奖		预防宫颈癌的人乳头瘤病毒16/18双价疫苗	李少伟		
135	第七届中国侨界贡献奖	二		周大旺		
136	第七届中国侨界贡献奖	二		叶英(兼职教授)		
137	厦门市科技进步奖	三	食用植物油掺伪识别技术及安全因子控制技术	徐敦明、黄慧英、赖国银、沈伟健、余可垚、吴敏、张志刚、魏雪缘	厦门出入境检验检疫局检验检疫技术中心、江苏出入境检验检疫局动植物与食品检测中心	
138	药明康德生命化学研究奖学者奖			邓贤明		
139	国家科学技术奖技术发明奖	二	近海赤潮灾害应急处置关键技术与方法	俞志明、于志刚、宋秀贤、高亚辉、曹西华、甄毓	中国科学院海洋研究所、中国海洋大学	2019

续表

序号	奖励名称	奖励等级	成果名称	完成人员	合作单位	年份
140	第二届中国细胞生物学学会－CST 卓越创新转化奖			夏宁邵		2020

第二节　部分论文

序号	文章	发表时间
1	Light S F. Amphioxus fisheries near the University of Amoy, China. Science, 1923, 58(1491):57-60.	1923
2	Light S F. On amphioxusand the discovery of amphioxus fisheries in China. China Journal, 1923, 1: 346-359.	1923
3	Light S F. Thetermites (white ants)of China with descriptions of six species. China Journal. 1924, II:50-60,140-142,242-254,354-358.	1924
4	Chung H H. A catalogue of trees and shrubs of China. Memoirs of the Science Society of China. 1924, I.	1924
5	Ping C. On the structures of the hard palate of felis tigris. Proceedings of the Zoological Society of London, 1927, 1927:135-139.	1927
6	Hoeppli R. Histological articles on the biology of helminths. Virchows Archiv Fur Pathologische Anatomie Und Physiologie Und Fur Klinische Medizin, 1929, 271(2):356-365.	1929

续表

序号	文章	发表时间
7	Ling, S W. Notes on the biology of *Oligotoma* sp. Peking Nat. Hist. Bull. 1930, 9(Pt2).	1930
8	Chen T Y. On a Hermaphrodite specimen of the Chinese Amphioxus. Peking Nat.Hist.Bull. 1930, 5(Pt.4):11-16.	1930
9	Chen T Y. The effect of oxygen tension on the oxygen consumption of the Chinese fresh-water crab *Eriocheir sinensis*. China Journal Physiology. 1932, VI(1):1-12.	1932
10	Tang D S. On a new ray (Platyrhina) from Amoy, China. Lingnan Sci. Journ. 1932,12 (4):561-563.	1932
11	Tseng C K. Gloiopeltis and the other economic seaweeds of Amoy, China. Lingnan Sci. Journ. 1933,12(1):43-63.	1933
12	Ling S W. Notes on the biology of *Oligotoma* sp. Peking Nat. Hist. Bull. 1934, 9(Pt.2)	1934
13	Chen T Y. Apreliminary report on the marine pruducts of Amoy. Nat. Sci. Bull. Univ. Amoy. 1934, 1(1):1-9.	1934
14	Tang D S. A tentative list of food fishes of Amoy. Nat Sci. Bull. Univ, Amoy. 1934, 1(1):21-28.	1934
15	Tang D S. Theelasmobranchiate fishes of Amoy. Nat. Sci Bull. Univ. Amoy. 1934, 1(1):29-111.	1934
16	Tseng C K. Economicseaweeds of Kwangtung. Lingnan Sci. Journ. 1935, 14 (1):93-104.	1935
17	Ling S W. Further notes on the biology of *Oligotoma saundersi*. Peking Nat. Hist. Bull. 1935, 9(Pt.3).	1935
18	Tang Z Z, Tang C T. Studies on 9 species of gasterostomes from fujian, with observations on life-cycles of 2 species. Acta Zoologica Sinica, 1976, 22(3): 263-278.	1976

续表

序号	文章	发表时间
19	Tang Z Z, Tang C T. Dermatitis-producing schistosomes of birds and mammals in china. Acta Zoologica Sinica, 1976, 22(4):341-356.	1976
20	Tang C T, Tang C. Studies on trematodes of family cyclocoelidae of fujian with further remarks on life-history and epidemiology of tracheophilus-cybius. Acta Zoologica Sinica, 1978, 24(1):91-101	1978
21	Tang C T, Tang C Z, Cui G W, et al. Studies on the biology of dicrocoelium-chinensis. Acta Zoologica Sinica, 1980,26(4):346-355	1978
22	Tang C G, Lin T G. Investigations on eurytremosis of cattle and goats in mountainous regions of north fujian. Acta Zoologica Sinica, 1980. 26(1):42-51	1980
23	Lin Y G, Kang J, Lu J H, et al. The discovery of epidemic area of paragonimiasis and the biology of its etiologic agents in jienou district, fujian province. Acta Zoologica Sinica, 1980, 26(1):52-60	1980
24	Tang Z Z, Tang C T, Chen Q Q, et al. Studies of philophthalmosis of domestic-fowls in fujian. Acta Zoologica Sinica, 1980, 26(3):232-242	1980
25	Tang Z Z, Tang C N. Studies on the life-cycle of cortrema-corti tang. Acta Zoologica Sinica, 1981, 27(1):64-74	1981
26	Tang CT. Studies on the plant-nematodes in south fujian. 1. the species of tylenchida. Acta Zoologica Sinica, 1981, 27(4):345-353	1981
27	Ouang T Y, Lin M Y, Lin J H. Studies on ultrastructure in the larvae salivary gland cells of drosophila melanogaster. Journal of Xiamen University (Natural Science), 1981, 20(1):100-116	1981
28	Tang Z Z. Developmental studies on polyonchobothrium-ophiocephalina (tseng, 1933) and bothriocephalus-opsariichthydis yamaguti, 1934. Acta Zoologica Sinica, 1982, 28(1):51-59	1982

续表

序号	文章	发表时间
29	Wang D Y, Huang Z P, Lin M Y, et al. Study on microtubules in spermiogenesis of the domestic ducks. Kexue Tongbao, 1982, 27(9):994-999	1982
30	Lin Y G, Guan J H, Wan P P, et al. Studies on the developmental cycle of paranoplocephala-ryjikovi spassky, 1950 in the intermediate host. Acta Zoologica Sinica, 1982, 28(3):262-270	1982
31	Chen Y L, Zheng Z X, Hu B M, et al. Study on heredltary variations induced by silkworm dna——mutagenecity of attacus cynthia ricini by b. mori dna. Science in China,Ser.B, 1982, 25(2):141-151	1982
32	HE Y X, Lin Y G, Zhong W Y. Scanning electron-microscopy of paragonimus-skrjabini, a pathogenic lung fluke in china. Acta Zoologica Sinica, 1982,28(2):146-148	1983
33	Tang C T. Studies on the plant-nematodes in south fujian. 2. the species of rhabditida. Acta Zoologica Sinica, 1982, 28(2):157-164	1983
34	Tang C T, Cui G W, Qian Y C, et al. Scanning electron-microscopy of the integumental surface of orientobilharzia-turkestanica. Acta Zoologica Sinica, 1983, 29(2):159-162	1983
35	Tang C T, Chen M, Tang L, et al. Studies on the epidemiology of eurytrema-pancreaticum in the eastern nei mongol autonomous region with some experimentations on eurytrema-coelomaticum. Acta Zoologica Sinica, 1983, 29(2):163-169	1983
36	Tang L, Ou X, Tang C T. Studies on the plant-nematodes in south fujian.3. observations on mushroom-nematodes. Acta Zoologica Sinica, 1983, 29(2):170-179	1983
37	Tang C T, Tang Z Z, Cao H, et al. Studies on the orientobilharzia-turkestanica in sheep in the eastern part of the Inner-mongol autonomous region. Acta Zoologica Sinica, 1983, 29(3):249-255	1983

续表

序号	文章	发表时间
38	Wang D A, Fang Y Q, Wang M. Observations and supravital staining of the living hemocytes of chinese horseshoe crabs (tachypleus-trideutatus leach) and their physiological reaction to bacteria. Acta Zoologica Sinica, 19832, 29(4): 249-255	1983
39	Lin Y G, Jian X L, Guan J H, et al. Studies on the anoplocephalate cestodes and the oribatid mite vectors of moniezia in ar-bar county, sichuan province. Acta Zoologica Sinica, 1983, 29(4):323-332	1983
40	Lin X M, Chen Q Q. Life-cycle studies of *Sphaeridiotrema-monorchis* sp-nov (psilostomatidae). Acta Zoologica Sinica, 1983, 29(4):333-339	1983
41	Tang C T, Tang Z Z, Tang L, et al. Studies on the biology and epizootics of dicrocoelium-chinensis in the eastern inner mongol autonomous region. Acta Zoologica Sinica, 1983, 29(4):340-349	1983
42	Pan C S. Studies on plant-parasitic nematodes on economically important crops in Fujian.1. species of root-knot nematodes (melo-idogyne species) and their host-plants. Acta Zoologica Sinica, 1984, 30(2):159-166	1984
43	Tang C G, Tang L A, Tang Z Z. Scanning electron-microscopy of cercarial tegumental surface of 4 species of dicrocoelium from qing-hai plateau. Acta Zoologica Sinica, 1984, 30(3):227-230	1984
44	Lin Y G, Hung L X, Guan J Z. Aprostatandrya-(sudarikovina)-cricetuli sp-nov (cestoda, anoplo-cephalidae) from cricetulus-migratorius pallas, and its life-cycle in haiyuang district, linxia. Acta Zoologica Sinica, 1984, 30(3):254-260	1984
45	Pan C S. Studies on plant-parasitic nematodes on economically important crops in fujian.2. studies on the biology of aphelencnoides-besseyi in rice plants. Acta Zoologica Sinica, 1984, 30(4):368-374	1984

续表

序号	文章	发表时间
46	Huang Z P, Wang D Y, Li W Z, et al. Nuclear pore complex in spermatogenesis of Beijing domestic duck. electron microscope observation of freeze-etching. Scientia Sinica Series Beta-Chemical Biological Agricultural Medical and Earth Sciences, 1984,27(3):265-72.	1984
47	Li W X, Zhang G C, Lin Y G, et al. The occurrence of echinococcus-multilocularis leuckart, 1863 the natural animal host in china and its morphological-study. Acta Zoologica Sinica, 1985, 31(4):365-371	1985
48	Tang Z Z. Studies on the life-history of phyllodistomum-mingensis sp-nov. Acta Zoologica Sinica, 1985, 31(3):246-253	1985
49	Tang C G, Tang L, Wang F X, et al. Investigations on the biology of a few dicrocoelium species from sheep on qinghai plateau. Acta Zoologica Sinica, 1985, 31(3):224-262	1985
50	Pan C S. Studies on plant-parasitic nematodes on economically important crops in fujian. 3. description of meloidogyne-fujianensis n-sp. (nematoda, meloidogynidae) infesting citrus in nanjing county. Acta Zoologica Sinica, 1985, 31(3):263-268	1985
51	Xu L S, Yi W S. Purification and some properties of hydrogenase from autotrophically cultured rhizobium japonicum. Scientia Sinica Series Beta-Chemical Biological Agricultural Medical and Eearth Sciences, 1985, 28(12):1278-1290	1985
52	Zheng W Z, Chen X X. The structure of the 5s rRNA from anas platyrhyncha domestica. Journal of Xiamen University(Natural Science), 1986, 25(7):471-475	1986
53	Lin Y G, Hong L X. Studies on the life-cycle of ctenotaenia-citelli (kirshenblat) and mosgovoyia-pectinata (goeze). Acta Zoologica Sinica, 1986, 32(2):144-151	1986

续表

序号	文章	发表时间
54	Tang C T, Tang Z Z, Cao H, et al. A studies on larval trematodes of a fresh-water mollusks of koersin pasture in nei mongol autonomous region. Acta Zoologica Sinica, 1986, 32(4):335-343	1986
55	Su X H, Lin Y G. Studies on the developmental cycle of cestodes from domestic ducks and geese in Xiamen, China. Acta Zoologica Sinica, 1987, 33(4):334-340	1987
56	Tang C G, Tang Z H, Tang L, et al. Comparative histochemical-investigations on the glands of 2 species of dicrocoelid cercaria from qinghai plateau. Acta Zoologica Sinica, 1987, 33(4):341-346	1987
57	Tang C T, Tang Z Z, Chen M, et al. Preliminary histochemical-studies on the unicellular glands of the cercaria and metacercaria of eurytrema-coelomaticum, with special emphasis on their physiological-function and behavior. Acta Zoologica Sinica, 1987, 33(2):155-161	1987
58	Li L K, Wang D Y. Cytochemical study of electron-microscopy on fructose 1, 6-diphosphatase and Uridine diphosphoglucose pyrophosphorylase in the Mesophyll-cells of stevia-rebaudiana bertoni. Scientia Sinica Series B-Chemical Biological Agricultural Medical and Earth Sciences, 1988, 31(2):171-178.	1988
59	Bao S D, Wang D Y. Organization of nucleoskeleton and its relation to DNA topological organization. Science in China Series B-Chemistry, 1989, 32(3):314-323.	1989
60	Lin P, Fan H Q. Preliminary-study on monthly changes in caloric value of kandelia-candel leaves in jiulongjiang river estuary, Fujian. Chinese Science Bulletin, 1989, 34(19):1634-1638.	1989
61	Li Q F, Wang D Y. The differentiation of human gastric adenocarcinoma cell line MGc80-3 induced by dibutyryl cAMP in vitro. Shi Yan Sheng Wu Xue Bao, 1990, 23(2):167-175.	1990

续表

序号	文章	发表时间
62	Lu C Y, Lin P. Studies on litter fall and decomposition of Bruguiera-sexangula (Lour) poir, community on Hainan island, China. Bulletin of Marine Science, 1990, 47(1):139-148.	1990
63	Li Q F, Wang D Y. The differentiation of human gastric adenocarcinoma cell line MGc80-3 induced by dibutyryl cAMP in vitro. Shi Yan Sheng Wu Xue Bao, 1990, 23(2):167-75.	1990
64	Lu C Y, Lin P. Studies on litter fall and decomposition of bruguiera-sexangula (lour) poir, community on hainan island, china. Bulletin of Marine Science, 1990 Jul, 47(1):139-148.	1990
65	Wu Y F, Zeng D, Li C F, et al. P-31-NMR studies on complexation of $Fe_4S_4^*$ with ATP. Acta Physico-Chimica Sinica, 1991, 7(4):400-403.	1991
66	Watt G D, Huang H, Reddy K R N. Redox properties of the nitrogenase proteins from azotobacter-vinelandii. ACS Symposium Series, 1993, 535:243-256.	1993
67	Heqing H, Watt RK, Frankel RB, Watt GD. Role of phosphate in Fe^{2+} binding to horse spleen holoferritin. Biochemistry, 1993,32(6):1681-1687.	1993
68	Huang H Q, Kofford M, Simpson F B, et al. Purification, composition, charge, and molecular weight of the FeMo cofactor from *Azotobacter vinelandii* nitrogenase. Journal of Inorganic Biochemistry, 1993, 52(1):59-75.	1993
69	Han B P, Lin P. The mechanisms of interspecific and intraspecific competition for resources and the dynamics model of community. Ecological Modelling, 1993, 69(3-4):303-309	1993
70	Li Q G, Xu J G, Huang X Z, et al. The effects of media properties on the horseradish peroxidase-catalyzed fluorogenic rReaction. Talanta, 1994, 41 (12):2049-2054.	1994

续表

序号	文章	发表时间
71	Fang H Q, Lin P. Studies on detritus energy during the decom position of kandelia candel leaf litter. Acta Botanica Sinica, 1994, 36(4):4305-4311	1994
72	Zeng W B. The passageway of the flora migration on both sides of the Taiwan strait in pleistoceneepoch. Acta Botanica Yunnanica,1994, 16(2):107-110	1994
73	Cheng G H, Lin Y G. Observation on a new sensillum of cerci of periplaneta americana by scanning electron microscopy. Chinese Journal of Parasitology and Parasitic Diseases, 1994, 26(3):225-226	1994
74	Le W P, Yan S X, Huang M Q, et al. Kinetics of irreversible inhibition of yeast alcohol dehydrogenase during modification by o-phthaldehyde. Enzyme Protein, 1994-1995, 48(3):183-90.	1994
75	Chen X X. The structure of the 5S ribosomal-RNA from Anas-Platyrhyncha-Domestica. FASEB Journal, 1995,9(6):A1422-A1422	1995
76	Gao Y H, Cheng Z D, Wang D H. Studies on the uptake and transformation of trace-element germanium in cells of Spirulina-Platensis. FASEB Journal, 1995,9(3):A456-456	1995
77	Huang N Z, Xu L S, Zhang F Z, et al. Purification and some properties of the membrane-bound hydrogenase from the bacteroids of peanut root nodules. Acta Phytophisiologica Sinica, 1995, 21(1):43-49	1995
78	Hong S G, Sun T, Ni Z M, Xue R. Studies on spermatogenesis in *Tachypleus tridentatus*: I. The stages of spermatogenesis. Acta Zoologica Sinica, 1995, 41(4):393-399.	1995
79	Chen X Y, Song Y C. The allozymic variation of *Cyclobalanopisis glauca* populations in East China. Journal of Plant Resources and Environment, 1995,4(4):10-16.	1995
80	Chen Q X, Zhang W, Wang H R. Kinetics of inactivation of green crab (*Scylla serrata*) alkaline phosphatase during removal of zinc ions by ethylenediaminetetraacetic acid disodium. International Journal of Biological Macromolecules, 1996, 19(4):257-261.	1996

续表

序号	文章	发表时间
81	Xie W Z, Wang H R, Chen Q X,. Kinetics of inhibition of green crab(*Scylla serrata*) alkaline phosphatase by phenylglyoxal. Biochemistry and Molecular Biology International, 1996, 40(5):981-991.	1996
82	Huang K W, Zhang F Z, Xu L S, et al. N-2-binding site in nitrogenase and ammonia-synthesis with iron catalysts. Chemical Journal of Chinese Uuniversities-Chinese, 1996, 16(6):920-923.	1996
83	Chen X Y, Lin P, Lin Y M. Mating systems and spontaneous mutation rates for chlorophyll deficiency in populations of the mangrove *Kandelia candel*. Heriditas, 1996,125 (1):47-52.	1996
84	Chen Q X, Zhang W, Zheng W Z, et al. Kinetics of inhibition of alkaline-phosphatase from green crab (Scylla-Serrata) by N-bromosnccinimide. Journal of Protein Chemistry, 1996, 15(4):345-350.	1996
85	Zheng W J, Zheng F Z, Lian Y W, et al. Accumulation and dynamics of Cu, Pb, Zn and Mn elements in *Kandelia candel*(L.) druce mangrove community of Jiulong River Estuary of Fujian. Acta Botanica Sinica, 1996, 38(3):227-233.	1996
86	Lin Y M, Lin P, Zhen J, et al. Study on energy of *Castanopsis eyrei* community in Wuyi mountains. Acta Botanica Sinica, 1996, 38(12):989-994.	1996
87	Le W P, Yan S X, Zhang Y X, et al. Acid-induced folding of yeast alcohol dehydrogenase under low pH conditions. Journal of Biochemistry, 1996, 119 (4):674-679.	1996
88	Chen Q X, Zhang W, Zheng W Z, et al. Comparison of inactivation and unfolding of green crab (*Scylla serrata*) alkaline phosphatase during denaturation by guanidinium chloride. Journal of Protein Chemistry, 1996, 15 (4):359-365.	1996
89	Zheng W Z, Chen Q X, Zhao H, et al. An essential tryptophan residue of green crab(*Syclla serrata*) alkaline phosphatase. Biochemistry and Molecular Biology International, 1997, 41(5):951-959.	1997

续表

序号	文章	发表时间
90	Sun Q, Lin P. Wood structure of aegiceras corniculatum and its ecological adaptations to salinities. Hydrobiologia, 1997,352(9):61-66.	1997
91	Xu J S, Lin P, Meguro S, et al. Phytochemical research on mangrove plants. 1.Lipids and Carbohydrates in propagules of 10 mangrove species of China. Mokuzai Gakkalshi, 1997,43(10):875-881.	1997
92	Chen Q X, Zhang W, Yan S X, et al. Kinetics of the thermal inactivation of alkaline-phosphatase from green crab (*Scylla serrata*). Journal of Enzyme Inhibition, 1997, 12(2):123-131.	1997
93	Lin P, Chen Z F, Liu W G. Ecological characteristics of macroalgae in mangrove forests in Fujian, China. Acta Botanica Sinica, 1997, 32(9):176-180.	1997
94	Zheng X Y, Lu J Z, Zhu Q Z, et al. Study of a lanthanide fluorescence system with a coupled reaction based on hemin catalysis. Analyst, 1997, 122(5):455-458.	1997
95	Chen S L, Chen Q X, Yang P Z, et al. Unfolding and inactivation of *Penaeus penicillatus* acid phosphatase during denaturation by guanidine hydrochloride. Biochemistry and Molecular Biology International, 1997, 42(3):517-26.	1997
96	Lin P, Zheng W J, Li Z J. Distribution and accumulation of heavy metals in Avicennia marina community in Shenzhen, China. Journal of Environmental Sciences (China), 1997, 9(4):472-479	1997
97	Wei W, Yu X, Dai Y, et al. Purification and properties of inulinase from *Kluyveromyces* sp. Y-8. Wei Sheng Wu Xue Bao,1997, 37(6):443-448.	1997
98	Huang H Q, Zhang F Z, Liang S X, et al. Spectroelectrochemical investigation of *Azotobacter vinelandii* bacterial ferritin. Bioelectrochemistry and Bioenergetics, 1998, 44(2):301-307.	1998
99	Zhang J, Wu Q J, Lou S L. Construction of a new gene integration platform system for the *Synechococcus* sp. PCC7942. Chinese Journal of Oceanology and Limnology, 1998, 16(S1):40-46.	1998

续表

序号	文章	发表时间
100	Wei W L, Zheng Z H, Liu Y Y, et al. Optimizing the culture conditions for higher inulinase production by *Kluyveromyces* sp. Y-85 and scaling-up fermentation. Journal of Fermentation and Bioengineering, 1998, 86(4):395-399.	1998
101	Huang H Q, Xu L S, Zhang F Z, et al. H_2-uptake activity, spectra, reduction potentials, and kinetics of iron release on the surface of iron core from *Azotobacter vinelandii* bacterial ferritin. Journal of Protein Chemistry. 1998, 17(1):45-52.	1998
102	Qian X M, Kottke I, Oberwinkler F. Activity of different ectomycorrhizal types studied by vital fluorescence. Plant and Soil, 1998, 199(1):91-98.	1998
103	Qian X M, Kottke I, Oberwinkler F. Influence of liming and acidification on the activity of the mycorrhizal communities in a *Picea abies* (L.) Karst. Stand. Plant and Soil, 1998, 199(1):99-109.	1998
104	Qian X M, El-Ashker A, Kottke I, et al. Studies of pathogenic and antagonistic microfungal populations and their potential interactions in the mycorrhizoplane of Norway spruce (*Picea abies* (L.) Karst.) and beech (*Fagus sylvatica* L.) on acidified and limed plots. Plant and Soil, 1998, 199(1):111-116	1998
105	Hong S G, Li Q F, Guo Y G, et al. Ultrastructure of spermatogenesis in the shrimp *Penaeus monodon*. Acta Zoologica Sinica, 1998, 44(1):1-4.	1998
106	Wei W L, Zheng Z H, Zheng Z C. Studies on optimal conditions for inulinase production by *Kluyveromyces* sp. Y-85. Acta Microbiologica Sinica, 1998, 38(3):208-212.	1998
107	Yang P Z, Chen Q X, Li Y, et al. Kinetics of inactivation of *Penaeus penicillatus* acid phosphatase during inhibition by N-bromosuccinimide. Biochemistry and Molecular Biology International, 1998, 45(5):953-962.	1998

续表

序号	文章	发表时间
108	Chen Q X, Chen S L, Zhou H M. Kinetics of inhibition of *Penaeus penicillatus* acid phosphatase by bromoacetic acid. Biochemistry and Molecular Biology International, 1998 Oct, 46(2):215-223.	1998
109	Li Q F. Effect of retinoic acid on the changes of nuclear matrix intermediate filament system in gestric carcinoma cello. World Journal of Gastroenterology, 1999, 5(5):417-420.	1999
110	Hong S G, Huang Q. Studies on spermatogenesin in tachypleus tridentatus: Ⅱ the spermiogenesis. Acta Zoologica Sinica, 1999,15(3):252-259.	1999
111	Song S Y, Luo W X, Chen J A, et al. In situ enzyme immunoassays with tissue smears to study horizontal transmission of BMNV in penaeid shrimp and in beach animals. Acta Oceanography Sinica, 1999,18(1):109-116.	1999
112	Pan C S, Hu X, Lin J. Temporal fluctuation in *Meloidogyne fujianensis* parasitizing citrus reticulata in Nanjing. Nematologia Mediterranea, 1999,27(2):327-330.	1999
113	Yang P, Chen Q, Xie Z, et al. Kinetics of thermal inactivation of *Penaeus penicillatrs* acid phosphatase. Biochemistry (Moscow), 1999,64(4):464-467.	1999
114	Zhu C M, Chen Q X, Lin H N, et al. Kinetics of inhibition of green crab (*Scylla serrata*) alkaline phosphatase by L-cysteine. Journal of Protein Chemistry, 1999,18(5):609-613.	1999
115	Chen Q X, Zhang R Q, Yang P Z, et al. Effect of ethanol on the activity and conformation of *Penaeus penicillatus* acid phosphatase. International Journal of Biological Macromolecules, 1999,26:103-107.	1999
116	Zhou X W, Zhuang Z L, Chen Q X. Kinetics of inhibition of green crab (*Scylla serrata*) alkaline phosphatase by sodium (2, 2′-bipyridine) oxodiperoxovanadate. Journal of Protein Chemistry, 1999,18(7):735-740.	1999
117	Zhang J Y, Chan E K L, Peng X X, et al. Anove RNA-binding protein is an autoantigen in human hepatocellular carcinoma. Journal of Experimental Medicine, 1999,189(7):1101-1110.	1999

续表

序号	文章	发表时间
118	Wang W, Ling P. Transfer of salt and nutrients in *Bruguiera gymnorrhiza* leaves during development and senescence. Mangroves and Salt Marshes, 1999,3(1):1-7.	1999
119	Lu C Y, Wong U S, Tam F Y, et al. Methanne flux and Production from sediments of a mangrove wetland on Hainan Island, China. Mangroves and Salt Marshes, 1999,3(1):41-49.	1999
120	Zhang F Z, Xu L S. Huang H Q, et al. Studies on chemical composition of iron-mdybdenum cofactor from Nitrogenase by fluorescence analysis chemical. Research in Chinese Universities, 1999,15(3):286-293	1999
121	Huang H Q, Lin Q M, Zhang F Z, et al. Studies on the heme and H_2-uptake reaction from *Azotobacter vinelandii* bacterial ferritin. Bioelectrochemistry and Bioenergetics, 1999,48:87-93.	1999
122	Huang H Q, Lin Q M, Kong B, et al. Role of phosphate iron release from native pig spleen ferritin-Fe. Journal of Protein Chemistry, 1999,18:497-504.	1999
123	Wang J F, Li G L, Lu H Y, et al. Taxol from *Tubercularia* sp strain TF5, an endophytic fungus of Taxus mairei. FEMS Microbiology Letters, 2000,193(2):249-253.	2000
124	Huang H Q, Lin Q M, Zhai W J. Effect of redox mediators on nitrogenase and hydrogenase activities in *Azotobacter vinelandii*. Journal of Protein Chemistry, 2000,19(8):671-678.	2000
125	Li Q F, Ou-Yang G L, Li C Y, et al. Effects of tachyplesin on the morphology and ultrastructure of human gastric carcinoma cell line BGC-823. World Journal of Gastroenterology, 2000,6(5):676-680.	2000
126	Huang H Q, Lin Q M, Lou Z B. Construction of a ferritin reactor: an efficient means for trapping various heavy metal ions in flowing seawater. Journal of Protein Chemistry, 2000,19(6):441-447.	2000

续表

序号	文章	发表时间
127	Zhou X W, Chen Z, Chen Q X, et al. Inhibition effects of some bioactive peroxovanadium complexes on the tyrosine phosphatase. Sheng Wu Hua Xue Yu Sheng Wu Wu Li Xue Bao (Shanghai), 2000,32(2):133-138.	2000
128	Xia N S, Yang H J, Zhang J, et al. Prokaryotical expression of structural and non-structural proteins of hepatitis G virus. World Journal of Gastroenterology, 2001,7(5):642-646.	2001
129	Liu S, Wu Q, Che Z M, et al. The effect pathway of retinoic acid through regulation of retinoic acid receptor alpha in gastric cancer cells. World Journal of Gastroenterology, 2001,7(5):662-666.	2001
130	Huang Y J, Wang J F, Li G L, et al. Antitumor and antifungal activities in endophytic fungi isolated from pharmaceutical plants Taxus mairei, Cephalataxus fortunei and Torreya grandis. FEMS Immunology and Medical Microbiology, 2001,31(2):163-167.	2001
131	Zhang J Y, Chan E K L, Peng X X, et al. Autoimmune responses to mRNA binding proteins p62 and Koc in diverse malignancies. Clinical Immunology, 2001,100(2):149-156.	2001
132	Lin P, Wang W Q. Changes in the leaf composition, leaf mass and leaf area during leaf senescence in three species of mangroves. Ecological Egineering, 2001,16(3):415-424.	2001
133	Li Q G, Luan G Y, Guo Q P, et al. A new class of homogeneous nucleic acid probes based on specific displacement hybridization. Nucleic Acids Research, 2002,30(2):E5.	2002
134	Wu Q, Liu S, Ye X F, et al. Dual roles of Nur77 in selective regulation of apop-tosis and cell cycle by TPA and ATRA in gastric cancer cells. Carcinogenesis, 2002,23(10):1583-1592.	2002
135	Peng X X, Luo W, Zhang J Y, et al. Rapid detection of shigella species in environmental sewage by an immunocapture PCR with universal primers. Applied and Environmental Microbiology, 2002,68(5):2580-2583.	2002

续表

序号	文章	发表时间
136	Wu Q, Chen Z M, Su W J. Acticancer effect of retinoic acid via AP-1 activity repression is mediated by retinoic acid receptorαand βin gastric cancer cells. The International Journal of Biochemistry and Cell Biology, 2002,34:1102-1114.	2002
137	Chen Q X, Zhang Z, Huang H,. Unfolding and inactivation of *Ampullarium crossean* beta-glucosidase during denaturation by guanidine hydrochloride. International Journal of Biochemistry and Cell Biology, 2003,35(8):1227-1233.	2003
138	Luo W, Ng W W, Jin L H, et al. Axin utilizes distinct regions for competitive MEKK1 and MEKK4 binding and JNK activation. Journal of Biological Chemistry, 2003,278(39):37451-37458.	2003
139	Jin L H, Shao Q J, Luo W,. Detection of point mutations of the Axin1 gene in colorectal cancers. International Journal of Cancer, 2003,107(5):696-699.	2003
140	Rui Y N, Xu Z, Lin S Y, et al. Axin stimulates p53 functions by activation of HIPK2 kinase through multimeric complex formation. EMBO Journal, 2004, 23(23):4583-4594.	2004
141	Lin X F, Zhao B X, Chen H Z, et al. RXR alpha acts as a carrier for TR3 nuclear export in a 9-cis retinoic acid-dependent manner in gastric cancer cells. Journal of Cell Science, 2004,117(Pt 23):5609-5621.	2004
142	Li J Q, Li Q X, Xie C C, et al. Beta-actin is required for mitochondria clustering and ROS generation in TNF-induced, caspase-independent cell death. Journal of Cell Science, 2004,117(Pt 20):4673-4680.	2004
143	Cheng J P, Zhang Y Y, Li Q G. Real-time PCR genotyping using displacing probes. Nucleic Acids Research, 2004,32(7):e61.	2004
144	Chen Z J, Peng B, Wang S Y,. Rapid screening of highly efficient vaccine candidates by immunoproteomics. Proteomics, 2004,4(10):3203-3213.	2004

续表

序号	文章	发表时间
145	Peng X X, Wu Y J, Chen J G, et al. Proteomic approach to identify acute phase response-related proteins with low molecular weight in loach skin following injury. Proteomics, 2004,4(12):3989-3997.	2004
146	Han J H, Ulevitch R J. Limiting inflammatory responses during activation of innate immunity. Nature Immunology, 2005,6(12):1198-2005.	2005
147	Xie C C, Zhang N, Zhou H M, Li J Q, Li Q X, Zarubin T, Lin S C, Han J H. Distinct roles of basal steady-state and induced H-ferritin in tumor necrosis factor-induced death in L929 cells. Molecular and Cellular Biology, 2005,25(15):6673-6681.	2005
148	Peng X X, Xu C X, Ren H X, et al. Proteomic analysis of the sarcosine-insoluble outer membrane fraction of *Pseudomonas aeruginosa* responding to ampicilin, kanamycin, and tetracycline resistance. Journal of Proteome Research, 2005,4(6):2257-2265.	2005
149	Li S W, Zhang J, He Z Q, et al. Mutational analysis of essential interactions involved in the assembly of hepatitis E virus capsid. Journal of Biological Chemistry, 2005,280(5):3400-3406.	2005
150	Luo W, Zou H Y, Jin L H, et al. Axin contains three separable domains that confer intramolecular, homodimeric, and heterodimeric interactions involved in distinct functions. Journal of Biological Chemistry, 2005,280(6):5054-5060.	2005
151	Xu C G, Wang S Y, Ren H X, et al. Proteomic analysis on the expression of outer membrane proteins of *Vibrio alginolyticus* at different sodium concentrations. Proteomics, 2005,5(12):3142-3152.	2005
152	Huang H Q, Xiao Z Q, Lin Q M, et al. Characteristics of trapping various organophosphorus pesticides with a ferritin reactor of shark liver (*Sphyrna zygaena*). Analytical Chemistry, 2005,77(6):1920-1927.	2005
153	Peng X Y L, Li P C H. Extraction of pure cellular fluorescence by cell scanning in a single-cell microchip. Lab on a Chip, 2005,5(11):1298-1302.	2005

续表

序号	文章	发表时间
154	Correia J D, Miranda Y, Austin-Brown N, et al. Nod1-dependent control of tumor growth. Proceecling of the National Academy of Sciences of the United states of America, 2006,103(6):1840-1845.	2006
155	Liu W, Rui H L, Wang J F, et al. Axin is a scaffold protein in TGF-beta signaling that promotes degradation of Smad7 by Arkadia. EMBO Journal, 2006,25(8):1646-1658.	2006
156	Zhao B X, Chen H Z, Lei N Z, et al. p53 mediates the negative regulation of MDM2 by orphan receptor TR3. EMBO Journal, 2006,25(24):5703-5715.	2006
157	Wang Y P, Liang L, Han B C, et al. GEPS: the gene expression pattern scanner. Nucleic Acids Research, 2006,34(Web Server issue):W492-497.	2006
158	Zhou H M, Zheng M, Chen J M, et al. Determinants that control the specific interactions between TAB1 and p38 alpha. Molecular Cellular Biology, 2006, 26(10):3824-3834.	2006
159	Wang R S, Zhang Y W, Sun P, et al. Transcriptional regulation of PEN-2, a key component of the gamma-secretase complex, by CREB. Molecular Cellular Biology, 2006,26(4):1347-1354.	2006
160	Huang C Z, Lin X M, Wu L N, et al. Systematic identification of the subproteome of *Escherichia coli* cell envelope reveals the interaction network of membrane proteins and membrane-associated peripheral proteins. Journal of Proteome Research, 2006,5(12):3268-3276.	2006
161	Wu L, Lin X, Wang F, et al. OmpW and OmpV are required for NaCl regulation in *Photobacterium damsela*. Journal of Proteome Research, 2006,5(9):2250-2257.	2006
162	Zhang L, Wang S Y, Xu A L, et al. Affinity proteomic approach for identification of an IgA-like protein in *Litopenaeus vannamei* and study on its agglutination characterization. Journal of Proteome Research, 2006,5(4):815-821.	2006

续表

序号	文章	发表时间
163	Wang R, Zhang Y W, Zhang X, et al. Transcriptional regulation of APH-1A and increased gamma-secretase cleavage of APP and Notch by HIF-1 and hypoxia. FASEB Journal, 2006,20(8):1275-1277.	2006
164	Wang S, Zhu R, Peng B, et al. Identification of alkaline proteins that are differentially expressed in an overgrowth-mediated growth arrest and cell death of *Escherichia coli* by proteomic methodologies. Proteomics, 2006, 6 (19):5212-5220.	2006
165	Xu C X, Lin X M, Ren H X, et al. Analysis of outer membrane proteome of *Escherichia coli* related to resistance to ampicillin and tetracycline. Proteomics, 2006,6(2):462-473.	2006
166	Huang Q Y, Cheng Y J, Guo Q W, et al. Preparation of a chimeric armored RNA as a versatile calibrator for multiple virus assays. Clinical Chemistry, 2006,52(7):1446-1468.	2006
167	Li R C, Ge S X, Li Y P, et al. Seroprevalence of hepatitis E virus infection, rural southern People's Republic of China. Emerging Infectious Diseases, 2006,12(11):1682-1688.	2006
168	Otsuka M, Jing Q, Georgel P, et al. Hypersusceptibility to vesicular stomatitis virus infection in Dicer1-deficient mice is due to impaired miR24 and miR93 expression. Immunity, 2007,27(1):123-134.	2007
169	Han J, Sun P. The pathways to tumor suppression via route p38. Trends in Biochemical Sciences, 2007,32(8):364-371.	2007
170	Rui Y, Xu Z, Xiong B, et al. A beta-catenin-independent dorsalization pathway activated by Axin/JNK signaling and antagonized by Aida. Developmental Cell, 2007,13(2):268-282.	2007
171	Li Q, Wang X, Wu X, et al. Daxx cooperates with the Axin/HIPK2/p53 complex to induce cell death. Cancer Ressearch, 2007,67(1):66-74.	2007

续表

序号	文章	发表时间
172	Xu J R, Zhang J X, Han B C, et al. CytoSVM: an advanced server for identification of cytokine-receptor interactions. Nucleic Acids Research, 2007, 35(Web Server issue): W538-542.	2007
173	Yang Z, Cheng W, Hong L, et al. Adenine nucleotide (ADP/ATP) translocase 3 participates in the tumor necrosis factor-induced apoptosis of MCF-7 cells. Molecular Biology of the Cell, 2007, 18(11): 4681-4689.	2007
174	Li G D, Fang J X, Chen H Z, et al. Negative regulation of transcription coactivator p300 by orphan receptor TR3. Nucleic Acids Research, 2007, 35 (21): 7348-7459.	2007
175	Wang W, Zhong J, Su B, et al. Comparison of Pax1/9 locus reveals 500-Myr-old syntenic block and evolutionary conserved noncoding regions. Molecular Biology and Evolution, 2007, 24(3): 784-791.	2007
176	Zhang X, Zhou K, Wang R, et al. Hypoxia-inducible factor 1 alpha (HIF-1 alpha)-mediated hypoxia increases BACE1 expression and beta-amyloid generation. Journal Biological Chemistry, 2007, 282(15): 10873-10880.	2007
177	Huang Q, Hu Q, Li Q. Identification of 8 foodborne pathogens by multicolor combinational probe coding technology in a single real-time PCR. Clinnical Chemistry, 2007, 53(10): 1741-1748.	2007
178	Xu Y, Li Q. Multiple fluorescent labeling of silica nanoparticles with lanthanide chelates for highly sensitive time-resolved Immunofluorometric assays. Clinical Chemistry, 2007, 53(8): 1503-1510.	2007
179	Liu B, Wu J F, Zhan Y Y, et al. Regulation of the orphan receptor TR3 nuclear functions by c-Jun N terminal kinase phosphorylation. Endocrinology, 2007, 148(1): 34-44.	2007
180	Gao Y Y, Zhang D F, Li H, et al. Proteomic approach for caudal trauma-induced acute phase proteins reveals that creatine kinase is a key acute phase protein in amphioxus humoral fluid. Journal Proteome Research, 2007, 6(11): 4321-4329.	2007

续表

序号	文章	发表时间
181	Li H, Lin X M, Wang S Y, et al. Identification and antibody-therapeutic targeting of chloramphenicol-resistant outer membrane proteins in *Escherichia coli*. Journal Proteome Research, 2007,6(9):3628-3636.	2007
182	Zhang H, Xu Y, Yang W, et al. Dual-lanthanide-chelated silica nanoparticles as labels for highly sensitive time-resolved fluorometry. Chemistry of Materials, 2007,19(24):5875-5881	2007
183	Otsuka M, Zheng M, Hayashi M, et al. Impaired microRNA processing causes corpus luteum insufficiency and infertility in mice. Journal of Clinical Investigation, 2008,118(5):1944-1954.	2008
184	Chen R, Liu M, Li H, et al. PP2B and PP1 alpha cooperatively disrupt 7SK snRNP to release P-TEFb for transcription in response to Ca^{2+} signaling. Genes and Development, 2008,22(10):1356-1368.	2008
185	Zhan Y, Du X, Chen H, et al. Cytosporone B is an agonist for nuclear orphan receptor Nur77. Nature Chemical Biology, 2008,4(9):548-56.	2008
186	Quan Y, Ji Z L, Wang X, et al. Evolutionary and transcriptional analysis of karyopherin beta superfamily proteins. Molecular and Cellular Proteomics, 2008,7(7):1254-1269.	2008
187	Jones E A, Yuan L, Breant C, et al. Separating genetic and hemodynamic defects in neuropilin 1 knockout embryos. Development, 2008,135(14):2479-2488.	2008
188	Guo Z S, Li Q, Bartlett D L, et al. Gene transfer: the challenge of regulated gene expression. Trends in Molecular Medicine, 2008,14(9):410-418.	2008
189	Lu Z, Liu W, Huang H, et al. Protein encoded by the Axin(Fu) allele effectively down-regulates wnt signaling but exerts a dominant negative effect on c-jun n-terminal kinase signaling. Journal of Biolocical Chemistry, 2008, 283(19):13132-13139.	2008

续表

序号	文章	发表时间
190	Li Q, Zhang N, Zhang D, et al. Determinants that control the distinct subcellular localization of p38 alpha-PRAK and p38 beta-PRAK complexes. Journal of Biolocical Chemistry, 2008,283(16):11014-11023.	2008
191	Zhao P, Bai L, Ma J, et al. Amide N-glycosylation by Asm25, an N-glycosyltransferase of ansamitocins. Chemico-Biological Interactions, 2008,15(8):863-874	2008
192	Zhang H, Liu R, Wang R, et al. Presenilins regulate the cellular level of the tumor suppressor PTEN. Neurobiological Aging, 2008,29(5):653-660.	2008
193	Hu S J, Ren G, Liu J L, et al. MicroRNA expression and regulation in mouse uterus during embryo implantation. Journal of Biolocical Chemistry, 2008,283(34):23473-23484.	2008
194	Qiu L, Wu X, Chau J F, et al. Aldose reductase regulates hepatic peroxisome proliferator-activated receptor alpha phosphorylation and activity to impact lipid homeostasis. Journal of Biolocical Chemistry, 2008, 283(25): 17175-17183.	2008
195	Chen H Z, Zhao B X, Zhao W X, et al. Akt phosphorylates the TR3 orphan receptor and blocks its targeting to the mitochondria. Carcinogenesis, 2008,29(11):2078-2088.	2008
196	Wan Q, Xu L, Yang F. VP26 of white spot syndrome virus functions as a linker protein between the envelope and nucleocapsid of virions by binding with VP51. Journal of Virology, 2008,82(24):12598-15601.	2008
197	Lin X M, Wu L N, Li H, et al. Downregulation of Tsx and OmpW and upregulation of OmpX are required for iron homeostasis in *Escherichia coli*. Journal of Proteome Research, 2008,7(3):1235-1243.	2008
198	Zhao Y C, Chi Y J, Yu Y S, et al. Polyamines are essential in embryo implantation: Expression and function of polyamine-related genes in mouse uterus during peri-implantation period. Endocrinology, 2008, 149(5): 2325-2332.	2008

续表

序号	文章	发表时间
199	Zhang D W, Shao J, Lin J, et al. RIP3, an energy metabolism regulator that switches TNF-induced cell death from apoptosis to necrosis. Science, 2009, 325(5938):332-336.	2009
200	Li Q, Lin S, Wang X, et al. Axin determines cell fate by controlling the p53 activation threshold after DNA damage. Nature cell biology, 2009, 11(9):1128-1134.	2009
201	Mei Y, Zhang Y, Yamamoto K, et al. FOXO3a-dependent regulation of Pink1 (Park6) mediates survival signaling in response to cytokine deprivation. Proceedings of National Acadamy Science of the United States of America, 2009,106(13):5153-5158.	2009
202	Li S, Tang X, Seetharaman J, et al. Dimerization of hepatitis E virus capsid protein E2s domain is essential for virus-host interaction. Plos pathogens, 2009,5(8):e1000537.	2009
203	Li G, Zhang J, Sun Y, et al. The evolutionarily dynamic ifn-inducible gtpase proteins play conserved immune functions in Vertebrates and Cephalochordates. Molecular Biology and Evolution, 2009 Jul,26(7):1619-1630.	2009
204	Lei N Z, Zhang X Y, Chen H Z, et al. A feedback regulatory loop between methyltransferase PRMT1 and orphan receptor TR3. Nucleic Acids Research, 2009,37(3):832-848.	2009
205	Peng X Y, Wu L Q, Zhang N, et al. A micro surface tension alveolus (MISTA) in a glass microchip. Labona Chip, 2009,9(22):3251-3254.	2009
206	Chen Y, Qin K, Wu W L, et al. Broad cross-protection against H5N1 avian influenza virus infection by means of monoclonal antibodies that map to conserved viral epitopes. Journal of Infectious Diseases, 2009,199(1):49-58.	2009
207	Li H, Xiong X P, Peng B, et al. Identification of broad cross-protective immunogens using heterogeneous antiserum-based immunoproteomic approach. Journal of Proteome Research, 2009,8(9):4342-4349.	2009

续表

序号	文章	发表时间
208	Xia X, Xu Y, Zhao X, et al. Lateral flow immunoassay using europium chelate-loaded silica nanoparticles as labels. Clinical Chemistry, 2009,55(1): 179-82.	2009
209	Lin W, Ye W, Cai L, et al. The roles of multiple importins for nuclear import of marine aristaless-related homeobox protein. Journal of Biological Chemistry, 2009,284(30):20428-20439.	2009
210	Zhu F C, Zhang J, Zhang X F, et al. Efficacy and safety of a recombinant hepatitis E vaccine in healthy adults: a large-scale, randomised, double-blind placebo-controlled, phase 3 trial. Lancet, 2010,376(9744):895-902.	2010
211	Jin L, Li Y.Structural and functional insights into nuclear receptor signaling. Advanced Drug Delivery Reviews, 2010,62(13):1218-1226.	2010
212	Chen J, Xie C, Tian L, et al. Participation of the p38 pathway in Drosophila host defense against pathogenic bacteria and fungi. Proceedings of National Acadamy of Science of the United States of America, 2010,107(48):20774-20779.	2010
213	Liu J J, Zeng H N, Zhang L R, et al. A unique pharmacophore for activation of the nuclear orphan receptor nur77 in vivo and in vitro. Cancer Research, 2010,70(9):3628-3637.	2010
214	Hong L, Lai M, Chen M, et al. The miR-17-92 cluster of micrornas confers tumorigenicity by inhibiting oncogene-induced senescence. Cancer Research, 2010,70(21):8547-8557.	2010
215	Xu Y, Chen Q, Li W, et al. Overexpression of transcriptional coactivator AIB1 promotes hepatocellular carcinoma progression by enhancing cell proliferation and invasiveness. Oncogene. 2010,29(23):3386-3397.	2010
216	Ouyang G, Wang Z, Fang X, et al. Molecular signaling of the epithelial to mesenchymal transition in generating and maintaining cancer stem cells. Cellular and Molecular Life Sciences, 2010,67(15):2605-2618.	2010

续表

序号	文章	发表时间
217	Guo Q, Zhou Y, Wang X, et al. Simultaneous detection of trisomies 13, 18, and 21 with multiplex ligation-dependent probe amplification-based real-time PCR. Clinical Chemistry, 2010,56(9):1451-1459.	2010
218	Chen J, Luo Q, Yuan Y, et al. Pygo2 associates with MLL2 histone methyltransferase and GCN5 histone acetyltransferase complexes to augment Wnt target gene expression and breast cancer stem-like cell expansion. Molecular and Cellular Biology, 2010,30(24):5621-5635.	2010
219	Li W Z, Yu Z Y, Ma P F, et al. A novel role of Dma1 in regulating forespore membrane assembly and sporulation in fission yeast. Molecular Biology of the Cell, 2010,21(24):4349-4360.	2010
220	Chen Q, Chen T, Xu Y, et al. Steroid receptor coactivator 3 is required for clearing bacteria and repressing inflammatory response in escherichia coli-induced septic peritonitis. Journal of Immunology, 2010,185(9):5444-5452.	2010
221	Lin X, Huang Y J, Zheng Z H, et al. Endophytes from the pharmaceutical plant, *Annona squamosa*: isolation, bioactivity, identification and diversity of its polyketide synthase gene. Fungal Diversity, 2010,41(1):41-51	2010
222	Han J, Zhong C Q, Zhang D W. Programmed necrosis: backup to and competitor with apoptosis in the immune system. Nature Immunology, 2011, 12(12):1143-1149.	2011
223	Zheng M, Wang Y H, Wu X N, et al. Inactivation of Rheb by PRAK-mediated phosphorylation is essential for energy-depletion-induced suppression of mTORC1. Nature Cell Bbiology, 2011,13(3):263-272.	2011
224	Ahmed M M, Wang T, Luo Y, et al. Aldo-Keto reductase-7A protects liver cells and tissues from acetaminophen-induced oxidative stress and hepatotoxicity. Hepatology. 2011,54(4):1322-1332.	2011
225	Li J, Pattaradilokrat S, Zhu F, et al. Linkage maps from multiple genetic crosses and loci linked to growth-related virulent phenotype in *Plasmodium yoelii*. Proceedings of National Acadamy of Science of the United States of America, 2011,108(31):E374-382	2011

续表

序号	文章	发表时间
226	Zhang D W, Zheng M, Zhao J, et al. Multiple death pathways in TNF-treated fibroblasts: RIP3-and RIP1-dependent and independent routes. Cell Research, 2011,21(2):368-371.	2011
227	Ai N L, Hu X, Ding F, et al. Signal-induced Brd4 release from chromatin is essential for its role transition from chromatin targeting to transcriptional regulation. Nucleic Acids Research, 2011,39(22):9592-9604.	2011
228	He J, Ye J, Cai Y, Riquelme C, et al. Structure of p300 bound to MEF2 on DNA reveals a mechanism of enhanceosome assembly. Nucleic Acids Research, 2011,39(10):4464-4474.	2011
229	Huang W, Liu H, Wang T, et al. Tonicity-responsive microRNAs contribute to the maximal induction of osmoregulatory transcription factor OREBP in response to high-NaCl hypertonicity. Nucleic Acids Research, 2011,39(2):475-485.	2011
230	Fang X, Cai Y, Liu J, et al. Twist2 contributes to breast cancer progression by promoting an epithelial-mesenchymal transition and cancer stem-like cell self-renewal. Oncogene, 2011,30(47):4707-4720.	2011
231	Li Q, He Y, Wei L, et al. AXIN is an essential co-activator for the promyelocytic leukemia protein in p53 activation. Oncogene, 2011,30(10):1194-1204.	2011
232	Liu H, Luo Y, Zhang T, et al. Genetic deficiency of aldose reductase counteracts the development of diabetic nephropathy in C57BL/6 mice. Diabetologia, 2011,54(5):1242-1251.	2011
233	Peng X Y. A micro surface tension pump (MISPU) in a glass microchip. Labona Chip, 2011,11(1):132-138.	2011
234	Liu T W, Fu B, Niu L, et al. Comparative proteomic analysis of proteins in response to simulated acid rain in *Arabidopsis*. Journal of Proteome Research, 2011,10(5):2579-2589.	2011

续表

序号	文章	发表时间
235	Jin L, Lin S, Rong H, et al. Structural basis for iloprost as a dual peroxisome proliferator-activated receptor alpha/delta agonist. Journal of Biological Chemistry, 2011,286(36):31473-31479.	2011
236	Wu X N, Wang X K, Wu S Q, et al. Phosphorylation of Raptor by p38beta participates in arsenite-induced mammalian target of rapamycin complex 1 (mTORC1) activation. Journal of Biological Chemistry, 2011, 286 (36): 31501-31511.	2011
237	Lin S Y, Li T Y, Liu Q, et al. GSK3-TIP60-ULK1 signaling pathway links growth factor deprivation to autophagy. Science, 2012,336(6080):477-481.	2012
238	Wang Z, Ouyang G. Periostin: A bridge between cancer stem cells and their metastatic niche. Cell Stem Cell, 2012,10(2):111-112.	2012
239	Zhan Y Y, Chen Y, Zhang Q, et al. The orphan nuclear receptor Nur77 regulates LKB1 localization and activates AMPK. Nature Chemical Biology, 2012,8(11):897-904.	2012
240	Chen Q, Li W, Wan Y, et al. Amplified in breast cancer 1 enhances human cholangiocarcinoma growth and chemoresistance by simultaneous activation of Akt and Nrf2 pathways. Hepatology. 2012,55(6):1820-1829.	2012
241	Liu Y, Tong Z, Li T, et al. Hepatitis B virus X protein stabilizes amplified in breast cancer 1 protein and cooperates with it to promote human hepatocellular carcinoma cell invasiveness. Hepatology, 2012,56(3):1015-1024.	2012
242	Chen H Z, Liu Q F, Li L, et al. The orphan receptor TR3 suppresses intestinal tumorigenesis in mice by downregulating Wnt signalling. Gut, 2012,61(5):714-724.	2012
243	Mei Y, Wang Z, Zhang L, et al. Regulation of neuroblastoma differentiation by forkhead transcription factors FOXO1/3/4 through the receptor tyrosine kinase PDGFRA. Proceedings of National Acadamy of Science of the United States of America, 2012,109(13):4898-4903.	2012

续表

序号	文章	发表时间
244	Zhang Y, Xing Y, Zhang L, et al. Regulation of cell cycle progression by forkhead transcription factor FOXO3 through its binding partner DNA replication factor Cdt1. Proceedings of National Acadamy of Science of the United States of America, 2012,109(15):5717-5722.	2012
245	Zhang L, Mei Y, Fu Net alY, et al. TRIM39 regulates cell cycle progression and DNA damage responses via stabilizing p21. Proceedings of National Acadamy of Science of the United States of America, 2012,109(51):20937-20942.	2012
246	Chen T, Chen Q, Xu Y, et al. SRC-3 is required for CAR-regulated hepatocyte proliferation and drug metabolism. Journal of Hepatology, 2012, 56(1):210-217.	2012
247	Huang C H, Yuan Q, Chen P J, et al. Influence of mutations in hepatitis B virus surface protein on viral antigenicity and phenotype in occult HBV strains from blood donors. Journal of Hepatology, 2012,57(4):720-729.	2012
248	Li H, Ye C, Ji G. Determinants of public T cell responses. Cell Research, 2012,22(1):33-42.	2012
249	Lin S, Han Y, Shi Y, et al. Revealing a steroid receptor ligand as a unique PPAR gamma agonist. Cell Research, 2012,22(4):746-756.	2012
250	Guo H L, Zhang C, Liu Q, et al. The Axin/TNKS complex interacts with KIF3A and is required for insulin-stimulated GLUT4 translocation. Cell Research, 2012,22(8):1246-1257.	2012
251	Lin S Y, Li T Y, Liu Q, et al. Protein phosphorylation-acetylation cascade connects growth factor deprivation to autophagy. Autophagy, 2012, 8(9): 1385-1386.	2012
252	Zhang Y L, Guo H, Zhang C S, et al. AMP as a low-energy charge signal autonomously initiates assembly of AXIN-AMPK-LKB1 complex for AMPK activation. Cell Metabolism, 2013,18(4):546-555.	2013

续表

序号	文章	发表时间
253	Wu C, Cai Q, Chen C, et al. Structures of Enterovirus 71 3C proteinase (strain E2004104-TW-CDC) and its complex with rupintrivir. Acta Crystallographica Section D-Biological Crystallography, 2013,69(Pt 5):866-871.	2013
254	Wang C, Sang J, Wang J, et al. Mechanistic insights revealed by the crystal structure of a histidine kinase with signal transducer and sensor domains. PLoS Biology, 2013,11(2):e1001493.	2013
255	Huang R, Jiang L, Zheng J, et al. Genetic bases of rice grain shape: so many genes, so little known. Trends in Plant Science, 2013,18(4):218-226.	2013
256	Yuan Q, Song L W, Liu C J, et al. Quantitative hepatitis B core antibody level may help predict treatment response in chronic hepatitis B patients. Gut, 2013,62(1):182-184.	2013
257	Ji S, Ye G, Zhang J, et al. MiR-574-5p negatively regulates Qki6/7 to impact β-catenin/Wnt signalling and the development of colorectal cancer. Gut, 2013, 62(5):716-726.	2013
258	Wu J, Huang Z, Ren J, et al. Mlkl knockout mice demonstrate the indispensable role of Mlkl in necroptosis. Cell Research, 2013,23(8):994-1006.	2013
259	Jin L, Feng X, Rong H, et al. The antiparasitic drug ivermectin is a novel FXR ligand that regulates metabolism. Nature Communications, 2013, 4: 1937.	2013
260	Liu A Y, Ouyang G. Tumor angiogenesis: a new source of pericytes. Current Biology, 2013,23(13):R565-568.	2013
261	Liao Y, Wang X, Sha C, et al. Combination of fluorescence color and melting temperature as a two-dimensional label for homogeneousmultiplex PCR detection. Nucleic Acids Research, 2013,41(7):e76.	2013

续表

序号	文章	发表时间
262	Wang R H, He J P, Su M L, et al. The orphan receptor TR3 participates in angiotensin II-induced cardiac hypertrophy by controlling mTOR signalling. EMBO Molecular Medicine, 2013,5(1):137-148.	2013
263	Zhang C S, Jiang B, Li M, et al. The lysosomal v-ATPase-Ragulator complex is a common activator for AMPK and mTORC1, acting as a switch between catabolism and anabolism. Cell Metabolism, 2014,20(3):526-540.	2014
264	Wu T, Wu S, Ouyang G. Periostin: a new extracellular regulator of obesity-induced hepatosteatosis. Cell Metabolism, 2014,20(4):562-564.	2014
265	Wang W J, Wang Y, Chen H Z, et al. Orphan nuclear receptor TR3 acts in autophagic cell death via mitochondrial signaling pathway. Nature Chemical Biology, 2014,10(2):133-140.	2014
266	Chen X, Li W, Ren J, et al. Translocation of mixed lineage kinase domain-like protein to plasma membrane leads to necrotic cell death. Cell Research, 2014,24(1):105-121.	2014
267	Li L, Chen W, Liang Y, et al. The Gβγ-Src signaling pathway regulates TNF-induced necroptosis via control of necrosome translocation. Cell Research. 2014,24(4):417-432.	2014
268	Wang M, Guo L, Wu Q, et al. ATR/Chk1/Smurf1 pathway determines cell fate after DNA damage by controlling RhoB abundance. Nature Communications, 2014,5:4901.	2014
269	Huang X, Ouyang X, Deng X W. Beyond repression of photomorphogenesis: role switching of COP/DET/FUS in light signaling. Current Opinion in Plant Biology, 2014,21C:96-103.	2014
270	Lin H, Lin Q, Liu M, et al. PKA/Smurf1 signaling-mediated stabilization of Nur77 is required for anticancer drug cisplatin-induced apoptosis. Oncogene. 2014,33(13):1629-1639.	2014

续表

序号	文章	发表时间
271	Wu X N, Yang Z H, Wang X K, et al. Distinct roles of RIP1-RIP3 hetero- and RIP3-RIP3 homo-interaction in mediating necroptosis. Cell Death and Differentiation, 2014,21(11):1709-1720	2014
272	Wu X, He W T, Tian S, et al. Pelo is required for high efficiency viral replication. PLoS Pathogens, 2014,10(4):e1004034.	2014
273	Xu L, He D, Li Z, et al. Protection against lethal Enterovirus 71 challenge in mice by a recombinant vaccine candidate containing a broadly cross-neutralizing epitope within the VP2 EF Loop. Theranostics. 2014,4(5):498-513.	2014
274	Zeng T, Wang Q, Fu J, et al. Impeded Nedd4-1-mediated Ras degradation underlies Ras-driven tumorigenesis. Cell Reports, 2014,7(3):871-882.	2014
275	Zhang C, Xiao B, Jiang Y, et al. Efficient editing of malaria parasite genome using the CRISPR/Cas9 system. mBio, 2014,5(4). pii: e01414-14.	2014
276	Li Y, Zhong C Q, Xu X, et al. Group-DIA: analyzing multiple data-independent acquisition mass spectrometry data files. Nature Methods, 2015, 12 (12):1105-1106	2015
277	Geng J, Sun X, Wang P, et al. Kinases Mst1 and Mst2 positively regulate phagocytic induction of reactive oxygen species and bactericidal activity. Nature Immunology, 2015,16(11):1142-1152.	2015
278	Chen W, Wu J, Li L, et al. Ppm1b negatively regulates necroptosis through dephosphorylating Rip3. Nature Cell Biology. 2015,17(4):434-444.	2015
279	Li L, Liu Y, Chen H Z, et al. Impeding the interaction between Nur77 and p38 reduces LPS-induced inflammation. Nature Chemical Biology. 2015, 11 (5):339-46.	2015
280	He W T, Wan H, Hu L, et al. Gasdermin D is an executor of pyroptosis and required for interleukin-1β secretion. Cell Research. 2015,25(12):1285-1298.	2015

续表

序号	文章	发表时间
281	Zhang C S, Liu Q, Li M, et al. RHOBTB3 promotes proteasomal degradation of HIFα through facilitating hydroxylation and suppresses the Warburg effect. Cell Research, 2015,25(9):1025-1042.	2015
282	Gu Y, Tang X, Zhang X, et al. Structural basis for the neutralization of hepatitis E virus by a cross-genotype antibody. Cell Research, 2015,25(5):604-620.	2015
283	Huang Z, Wu S Q, Liang Y, et al. RIP1/RIP3 binding to HSV-1 ICP6 initiates necroptosis to restrict virus propagation in mice. Cell Host and Microbe, 2015,17(2):229-242.	2015
284	Xie W, Zhang L, Jiao H, et al. Chaperone-mediated autophagy prevents apoptosis by degrading BBC3/PUMA. Autophagy, 2015,11(9):1623-1635.	2015
285	Wu H, Wei L, Fan F, et al. Integration of Hippo signalling and the unfolded protein response to restrain liver overgrowth and tumorigenesis. Nature Communications, 2015,6:6239.	2015
286	Li Y, Wu S, Xiong S, et al. Deficiency of periostin protects mice against methionine-choline-deficient diet-induced nonalcoholic steatohepatitis. Journal of Hepatology, 2015,62(2):495-497.	2015
287	Xu Y, Ma H, Shao J, et al. A role for tubular necroptosis in cisplatin-induced AKI. Journal of the American Society of Nephrology, 2015,26(11):2647-2658.	2015
288	Cai M C, Xu Q, Pan Y J, et al. ADReCS: an ontology database for aiding standardization and hierarchical classification of adverse drug reaction terms. Nucleic Acids Research, 2015,43(Database issue):D907-913.	2015
289	Yoshikawa T, Wu J, Otsuka M, et al. ROCK inhibition enhances microRNA function by promoting deadenylation of targeted mRNAs via increasing PAIP2 expression. Nucleic Acids Research, 2015,43(15):7577-7589.	2015

续表

序号	文章	发表时间
290	Yu X, Cai B, Wang M, et al. Cross-regulation of two type I interferon signaling pathways in plasmacytoid dendritic cells controls anti-malaria immunity and host mortality. Immunity, 2016,45(5):1093-1107.	2016
291	Ye G D, Sun G B, Jiao P, et al. OVOL2, an inhibitor of Wnt signaling, reduces invasive activities of human and mouse cancer cells and is down-regulated in human colorectal tumors. Gastroenterology. 2016,150(3):659-671.e16.	2016
292	Zhang C S, Lin S C. AMPK promotes autophagy by facilitating mitochondrial fission. Cell Metabolism, 2016,23(3):399-401.	2016
293	Zhang C S, Li M, Ma T, et al. Metformin activates AMPK through the lysosomal pathway. Cell Metabolism, 2016,24(4):521-522.	2016
294	Fan F, He Z, Kong L L, et al. Pharmacological targeting of kinases MST1 and MST2 augments tissue repair and regeneration. Science Translational Medicine. 2016,8(352):352ra108.	2016
295	Wang J, Mi P, Lin G, et al. Imaging-guided delivery of RNAi for anticancer treatment. Advanced Drug Delivery Review, 2016,104:44-60.	2016
296	Zhang T Y, Yuan Q, Zhao J H, et al. Prolonged suppression of HBV in mice by a novel antibody that targets a unique epitope on hepatitis B surface antigen. Gut, 2016,65(4):658-671.	2016
297	Zhang Y, Han J. Electrophysiologist shows a cation channel function of MLKL. Cell Research, 2016,26(6):643-644.	2016
298	Chen X, He W T, Hu L, et al. Pyroptosis is driven by non-selective gasdermin-D pore and its morphology is different from MLKL channel-mediated necroptosis. Cell Research, 2016,26(9):1007-1020.	2016
299	Li T Y, Sun Y, Liang Y, et al. ULK1/2 constitute a bifurcate node controlling glucose metabolic fluxes in addition to autophagy. Molecular Cell. 2016,62(3):359-370.	2016

续表

序号	文章	发表时间
300	Guan L, Zhang L, Gong Z, et al. FoxO3 inactivation promotes human cholangiocarcinoma tumorigenesis and chemoresistance via Keap1-Nrf2 signaling. Hepatology, 2016,63(6):1914-1927.	2016
301	Liu W H, Kang S G, Huang Z, et al. A miR-155-Peli1-c-Rel pathway controls the generation and function of T follicular helper cells. Journal of Experimental Medicine, 2016,213(9):1901-1919.	2016
302	Zhang Y, Wen C, Liu S, et al. Shade avoidance 6 encodes an *Arabidopsis* flap endonuclease required for maintenance of genome integrity and development. Nucleic Acids Research, 2016,44(3):1271-1284.	2016
303	Lu X, Zhu X, Li Y, et al. Multiple P-TEFbs cooperatively regulate the release of promoter-proximally paused RNA polymerase II. Nucleic Acids Research, 2016,44(14):6853-6867.	2016
304	Zhang C S, Hawley S A, Zong Y, et al. Fructose-1,6-bisphosphate and aldolase mediate glucose sensing by AMPK. Nature, 2017,548(7665):112-116.	2017
305	Zhang S, Chen Q, Liu Q, et al. Hippo signaling suppresses cell ploidy and tumorigenesis through Skp2. Cancer Cell, 2017,31(5):669-684.	2017
306	Geng J, Yu S, Zhao H, et al. The transcriptional coactivator TAZ regulates reciprocal differentiation of TH17 cells and Treg cells. Nature Immunology, 2017,18(7):800-812.	2017
307	Yoshikawa T, Wu J, Otsuka M, et al. Repression of microRNA function mediates inflammation-associated colon tumorigenesis. Gastroenterology, 2017,152(3):631-643.	2017
308	Shen C, Chen J, Li R, et al. A multimechanistic antibody targeting the receptor binding site potently cross-protects against influenza B viruses. Science Translational Medicine, 2017,9(412).	2017

续表

序号	文章	发表时间
309	Cai W Y, Lin L Y, Hao H, et al. YAP-TEAD and HNF4α repress reciprocally to regulate hepatocarcinogenesis. Hepatology. 2017,65(4):1206-1221.	2017
310	Zhang L, Cai M, Gong Z, et al. Geminin facilitates FoxO3 deacetylation to promote breast cancer cell metastasis. Journal Clinical Investigation, 2017,127(6):2159-2175.	2017
311	Zhang J, Wang S, Jiang B, et al. c-Src phosphorylation and activation of hexokinase promotes tumorigenesis and metastasis. Nature Communications, 2017,8:13732.	2017
312	Zhang Y, Su S S, Zhao S, et al. RIP1 autophosphorylation is promoted by mitochondrial ROS and is essential for RIP3 recruitment into necrosome. Nature Communications, 2017,8:14329.	2017
313	Bian X L, Chen H Z, Yang P B, et al. Nur77 suppresses hepatocellular carcinoma via switching glucose metabolism toward gluconeogenesis through attenuating. phosphoenolpyruvate carboxykinase sumoylation. Nature Communications, 2017,8:14420.	2017
314	Nair S C, Xu R, Pattaradilokrat S, et al. A Plasmodium yoelii HECT-like E3 ubiquitin ligase regulates parasite growth and virulence. Nature Communications, 2017,8(1):223.	2017
315	Jiang H, He H, Chen Y, et al. Identification of a selective and direct NLRP3 inhibitor to treat inflammatory disorders. Journal of Experimental Medicine, 2017,214(11):3219-3238.	2017
316	Ma Z, Zhao X, Huang J, et al. A critical role of periostin in B-cell acute lymphoblastic leukemia. Leukemia, 2017,31(8):1835-1837.	2017
317	Li G, Liu X, Xing C, et al. Cerberus-Nodal-Lefty-Pitx signaling cascade controls left-right asymmetry in amphioxus. Proceedings of National Acadamy of Science of the United States of America, 2017,114(14):3684-3689.	2017

续表

序号	文章	发表时间
318	Liu Z, Li Y, Li W, et al. Multifunctional nanohybrid based on porous silicon nanoparticles, gold nanoparticles, and acetalated dextran for liver regeneration and acute liver failure theranostics. Advanced Materials, 2018, 30 (24): e1703393.	2018
319	Chen P, Liao K, Xiao C. MicroRNA says no to mass production. Nature Immunology, 2018,19(10):1040-1042.	2018
320	Lin S C, Hardie D G. AMPK: sensing glucose as well as cellular energy status. Cell Metabolism, 2018,27(2):299-313.	2018
321	Luo H, Jiang M, et al. AIDA selectively mediates downregulation of fat synthesis enzymes by ERAD to retard intestinal fat absorption and prevent obesity. Cell Metabolism, 2018,27(4):843-853.e6.	2018
322	Lin S Y, Zhang C S, Lin S C. Carbohydrates: not all that bad? Cell Metabolism, 2018,28(5):671-672.	2018
323	Yang Z, Wang Y, Zhang Y, et al. RIP3 targets pyruvate dehydrogenase complex to increase aerobic respiration in TNF-induced necroptosis. Nature Cell Biology, 2018,20(2):186-197	2018
324	Zhang Y, Chen X, Gueydan C, et al. Plasma membrane changes during programmed cell deaths. Cell Research. 2018,28(1):9-21.	2018
325	Cai W F, Zhang C, Wu Y Q, et al. Glutaminase GLS1 senses glutamine availability in a non-enzymatic manner triggering mitochondrial fusion. Cell Research, 2018,28(8):865-867.	2018
326	Zhou B, Zhang J Y, Liu X S, et al. Tom20 senses iron-activated ROS signaling to promote melanoma cell pyroptosis. Cell Research, 2018,28(12): 1171-1185.	2018
327	Li X X, Wang Z J, Zheng Y, et al. Nuclear receptor Nur77 facilitates melanoma cell survival under metabolic stress by protecting fatty acid oxidation. Molecular Cell, 2018,69(3):480-492.e7.	2018

续表

序号	文章	发表时间
328	Sun Y, Li T Y, Song L, et al. Liver-specific deficiency of unc-51 like kinase 1 and 2 protects mice from acetaminophen-induced liver injury. Hepatology, 2018,67(6):2397-2413.	2018
329	Li T Y, Song L, Sun Y, et al. Tip60-mediated lipin 1 acetylation and ER translocation determine triacylglycerol synthesis rate. Nature Communications, 2018,9(1):1916.	2018
330	He H, Jiang H, Chen Y, et al. Oridonin is a covalent NLRP3 inhibitor with strong anti-inflammasome activity. Nature Communicaions, 2018,9(1):2550.	2018
331	Liu M, Zeng T, Zhang X, et al. ATR/Chk1 signaling induces autophagy through sumoylated RhoB-mediated lysosomal translocation of TSC2 after DNA damage. Nature Communications, 2018,9(1):4139.	2018
332	Li Z, Song S, He M, et al. Rational design of a triple-type human papillomavirus vaccine by compromising viral-type specificity. Nature Communications, 2018,9(1):5360.	2018
333	Huang L H, He QS, Liu K, et al. ADReCS-Target: target profiles for aiding drug safety research and application. Nucleic Acids Research, 2018,46(D1): D911-D917.	2018
334	Zhu R, Xu L, Zheng Q, et al. Discovery and structural characterization of a therapeutic antibody against coxsackievirus A10. Science Advances, 2018,4(9):eaat7459.	2018
335	Yin C, Zhu B, Zhang T, et al. Pharmacological targeting of STK19 inhibits oncogenic NRAS-driven melanomagenesis. Cell, 2019,176(5):1113-1127.	2019
336	Li M, Zhang C S, Zong Y, et al. Transient receptor potential V channels are essential for glucose sensing by aldolase and AMPK. Cell Metabolism, 2019, 30(3):508-524.e12.	2019
337	Peng K, Kou L, Yu L, et al. Histone demethylase JMJD2D interacts with beta-catenin to induce transcription and activate colorectal cancer cell proliferation and tumor growth in mice. Gastroenterology, 2019,156(4): 1112-1126.	2019

续表

序号	文章	发表时间
338	Yuan L，Jiang J，Liu X，et al. HBV infection-induced liver cirrhosis development in dual-humanised mice with human bone mesenchymal stem cell transplantation. Gut，2019，68(11)：2044-2056.	2019
339	Zong Y，Zhang C S，Li M，et al. Hierarchical activation of compartmentalized pools of AMPK depends on severity of nutrient or energy stress. Cell Research，2019，29(6)：460-473.	2019
340	Zheng Q，Zhu R，Xu L，et al. Atomic structures of enterovirus D68 in complex with two monoclonal antibodies define distinct mechanisms of viral neutralization. Nature Microbiology，2019，4(1)：124-133.	2019
341	Liu Z，Yan M，Liang Y，et al. Nucleoporin Seh1 interacts with Olig2/Brd7 to promote oligodendrocyte differentiation and myelination. Neuron，2019，102(3)：587-601.e7.	2019
341	Shan W，Zheng H，Fu G，et al. Bioengineered nanocage from HBc protein for combination cancer immunotherapy. Nano Letters，2019，19(3)：1719-1727.	2019
342	Wang P，Geng J，Gao J，et al. Macrophage achieves self-protection against oxidative stress-induced ageing through the Mst-Nrf2 axis. Nature Communications，2019，10(1)：755.	2019
343	Jin N，Bi A，Lan X，et al. Identification of metabolic vulnerabilities of receptor tyrosine kinases-driven cancer. Nature Communications，2019，10(1)：2701.	2019
344	Zhang T Y，Chen H Y，Cao J L，et al. Structural and functional analyses of hepatitis B virus X protein BH3-like domain and Bcl-xL interaction. Nature Communications，2019，10(1)：3192.	2019
345	Huang J，Alexey S，Li J，et al. Unique CDR3 epitope targeting by CAR-T cells is a viable approach for treating T-cell malignancies. Leukemia，2019，33(9)：2341.	2019

续表

序号	文章	发表时间
346	Ren H, Han J, Yang P, et al. Two E3 ligases antagonistically regulate the UV-B response in Arabidopsis. Proceedings of National Acadamy of Science of the United States of America, 2019,116(10):4722-4731.	2019
347	Ji S Y, Liu Q X, Zhang S H, et al. FGF15 activates Hippo signaling to suppress bile acid metabolism and liver tumorigenesis. Developmental Cell. 2019,48(4):460-474.e9.	2019
348	Zheng Q, Jiang J, He M, et al. Viral neutralization by antibody-imposed physical disruption. Proceedings of National Acadamy of Science of the United States of America, 2019,116(52):26933-26940.	2019
349	Wang R C, Li H D, Wu J Y, et al. Gut stem cell necroptosis by genome instability triggers bowel inflammation. Nature. 2020,580(7803):386-390.	2020
350	Zhang C S, Hardie D G, Lin S C. Glucose starvation blocks translation at multiple levels. Cell Metabolism, 2020,31(2):217-218.	2020
351	Zhang T Y, Guo X R, Wu Y T, et al. A unique B cell epitope-based particulate vaccine shows effective suppression of hepatitis B surface antigen in mice. Gut, 2020,69(2):343-354	2020
352	He M, Xu L, Zheng Q, et al. Identification of antibodies with non-overlapping neutralization sites that target coxsackievirus A16. Cell Host & Microbe, 2020,27(2):249-261.e5.	2020
353	Hou P P, Luo L J, Chen H Z, et al. Ectosomal PKM2 promotes hcc by inducing macrophage differentiation and remodeling the tumor microenvironment. Molecular Cell, 2020,78(6):1192-1206.e10.	2020
354	Wu Q, Li G, Wen C, et al. Monoubiquitination of p120-catenin is essential for TGFβ-induced epithelial-mesenchymal transition and tumor metastasis. Science Advance, 2020,6(4):eaay9819.	2020
355	Zhang J, Bhuiyan M I H, Zhang T, et al. Modulation of brain cation-Clcotransport via the SPAK kinase inhibitor ZT-1a. Nature Communications, 2020,11(1):78.	2020

续表

序号	文章	发表时间
356	Jiang Y, Wei J, Cui H, et al. An intracellular membrane protein GEP1 regulates xanthurenic acid induced gametogenesis of malaria parasites. Nature Communications, 2020,11(1):1764.	2020
357	Wang D N, Liu X L, Wei M X, et al. Rational design of a multi-valent human papillomavirus vaccine by capsomere-hybrid co-assembly of virus-like particles. Nature Communications, 2020,11(1):2841.	2020
358	Wang X, Qian P, Cui H, et al. A protein palmitoylation cascade regulates microtubule cytoskeleton integrity in plasmodium. EMBO Journal, 2020,39(13):e104168.	2020
359	He C, Ruan F, Jiang S, et al. Black phosphorus quantum dots cause nephrotoxicity in organoids, mice, and human cells. Small, 2020,16(22):e2001371.	2020
360	Qian C, Chen Z, Liu Q, et al. Coordinated transcriptional regulation by the UV-B photoreceptor and multiple transcription factors for plant UV-B responses. Molecular Plant, 2020,13(5):777-792.	2020

第三节　主要研究课题

一、国家级项目

项目编号	项目名称	负责人	批准经费（单位：万元）	项目类型	计划开始日期	计划结项日期
2006CB101807	鱼类多价疫苗的筛选与应用策略	彭宣宪	174.74	科技部—973计划项目	2006-01	2011-10

续表

项目编号	项目名称	负责人	批准经费（单位：万元）	项目类型	计划开始日期	计划结项日期
2006CB504005	胚胎植入的分子线路图	杨增明	322.2	科技部—973计划项目	2006-01	2010-08
2009CB522200	炎症反应的细胞信号转导网络和肿瘤发生发展的关系	韩家淮	3000	科技部—973计划项目	2009-01	2013-08
2009CB941600	畜禽肌肉和脂肪发育的分子调控机制研究	袁立	3000	科技部—973计划项目	2009-01	2013-08
2011CB910800	糖脂代谢稳态调控的分子机制	林圣彩	2543	科技部—973计划项目	2011-01	2015-08
2011CB944402	子宫接受性和蜕膜化的调节机制	杨增明	245	科技部—973计划项目	2011-01	2012-12
2012CB910104	蛋白质修饰酶的功能活性及特异性调控的结构基础(前两年)	李勇	664	科技部—973计划项目	2012-01	2016-12
2013CB910803	基于蛋白质相互作用网络的p53功能调控机制研究(前两年)	陶涛	518	科技部—973计划项目	2013-01	2017-08
2013CB910603	膜蛋白的生成、折叠和定位的调控机制研究(前两年)	韩爱东	538	科技部—973计划项目	2013-01	2017-08

续表

项目编号	项目名称	负责人	批准经费（单位：万元）	项目类型	计划开始日期	计划结项日期
2013CB967302	微环境调控植物生长点干细胞中心维持与重建的分子网络	黄涛	150	科技部—973计划项目	2013-01	2017-08
2013CB917802	基因转录终止与蛋白质翻译新调控机制	陈瑞川	241	科技部—973计划项目	2013-01	2014-12
2013CB530600	脂肪代谢调控与肥胖的病理生理机制研究—脂肪细胞分化的分子机制	李博安	497	科技部—973计划项目	2013-01	2017-12
2014CB910602	肿瘤代谢异常的分子机制及其信号通路	吴乔	388	科技部—973计划项目	2013-01	2018-08
2015CB553800	炎—癌信号互作在肿瘤发展和肿瘤干预中作用的研究	韩家淮	2800	科技部—973计划项目	2015-01	2019-08
2002AA603023	坛紫菜良种选育	陈奕欣	37.6	科技部—863计划项目	2002-01	2005-09
2002AA211101	早籼稻品质性状的分子标记及优质种质的创新	黄育民	80	科技部—863计划项目	2002-01	2005-12
2002AA629050	海水养殖动物重要病原菌的蛋白组学研究	彭宣宪	40	科技部—863计划项目	2002-01	2004-01

续表

项目编号	项目名称	负责人	批准经费（单位：万元）	项目类型	计划开始日期	计划结项日期
2002AA629060	对虾 G 蛋白信息途径中功能基因的克隆与功能鉴定	林圣彩	40	科技部－863计划项目	2002-01	2004-01
2006AA02A303	基于 SBS 测序技术的我国高发现场胃肠重要基因全序列扫描分析	林圣彩	486	科技部－863计划项目	2006-12	2010-12
2006AA02Z442	乙型肝炎病毒核酸相关抗原检测试剂的研究及产业化	张军	200	科技部－863计划项目	2006-12	2008-12
2006AA020905	某些重要疾病诊断试剂生产用抗原	李少伟	300	科技部－863计划项目	2006-12	2010-12
2006AA02A209	重组戊性肝炎疫苗Ⅲ期临床研究及产业化	苗季	990	科技部－863计划项目	2006-12	2010-12
2006AA05Z111	暗发酵与光发酵联合制氢示范系统	龙敏南	85	科技部－863计划项目	2006-12	2007-12
2006AA02Z442	乙型肝炎病毒核酸相关抗原检测试剂的研制	张军	200	科技部－863计划项目	2006-12	2008-12
2007AA10Z179	籼稻外观品质性状的基因聚合及三系种质的创新	黄育民	50	科技部－863计划项目	2007-08	2009-04

续表

项目编号	项目名称	负责人	批准经费（单位：万元）	项目类型	计划开始日期	计划结项日期
2007AA091503	海洋抗肿瘤候选新药南强菌素的中试研究	黄耀坚	272	科技部－863计划项目	2007-12	2010-12
2008AA092602	海洋文昌鱼的人工繁殖与养殖及其生殖相关功能基因的研究	王义权	476	科技部－863计划项目	2009-01	2012-12
2009AA02Z114	常见染色体非整倍体疾病产前诊断试剂的研制	李庆阁	168	科技部－863计划项目	2009-03	2011-12
2010AA022801	流感病毒适用的抗原快速诊断试剂盒及关键原料的研制	夏宁邵	1295	科技部－863计划项目	2009-07	2011-12
2012AA02A408	ORF7基因敲除的减毒水痘活疫苗等几种新疫苗的研发	赵勤俭	1640	科技部－863计划项目	2012-01	2015-12
2014AA021401	结核分枝杆菌的高通量溯源关键技术和产品的研究	李庆阁	328	科技部－863计划项目	2014-01	2016-12
2014AA021302	基因工程疫苗研发和生产用的大肠杆菌表达系统的基因组功能改造和应用	李少伟	773	科技部－863计划项目	2014-01	2016-12

续表

项目编号	项目名称	负责人	批准经费（单位：万元）	项目类型	计划开始日期	计划结项日期
2012ZX 09101316	重组人乳头瘤病毒16/18型双价疫苗临床研究	李少伟	482.62	科技部一国家科技重大专项	2012-01	2013-12
2012ZX 10002005—001—001	乙肝抗原及细胞因子新型免疫定量检测试剂的研制	葛胜祥	687.58	科技部一国家科技重大专项	2012-01	2015-12
2013ZX 10002002	发展用于慢性乙型肝炎和/或重型乙型肝炎治疗的治疗性单克隆抗体	罗文新	317.9	科技部一国家科技重大专项	2013-01	2015-12
2013ZX 10004804—002	基于酶联免疫层析技术的系列快速检测试剂的研制	徐虹	268.49	科技部一国家科技重大专项	2013-01	2015-12
2017ZX 10302301—002	结核病组合型诊断产品和耐药性结合新型诊断产品的产业化及评价	李庆阁	239.2	科技部一国家科技重大专项	2017-01	2020-12
2008ZX 10003—004	耐药结核病及免疫学诊断技术和产品的研究	李庆阁	1085	科技部一国家科技重大专项	2008-10	2010-12
2008ZX 10002—012	乙型和丙型病毒性肝炎诊断及临床监测的研究	葛胜祥	562.24	科技部一国家科技重大专项	2008-10	2009-08

续表

项目编号	项目名称	负责人	批准经费（单位：万元）	项目类型	计划开始日期	计划结项日期
2008ZX 10001－015	阻止 HIV 传播感染的外用药剂研究	韩家淮	350	科技部－国家科技重大专项	2008-10	2010-12
2009ZX 10004－704	重组(大肠杆菌)类病毒颗粒疫苗研制关键技术平台	张军	343	科技部－国家科技重大专项	2009-01	2010-12
2009ZX 09103－083	抗肿瘤先导化合物阿霉酮的结构优化和成药性评价	沈月毛	144.15	科技部－国家科技重大专项	2009-01	2010-12
2009ZX 09102－230	重组人乳头瘤病毒 16/18 型双价疫苗临床前研究	李少伟	300	科技部－国家科技重大专项	2009-01	2010-12
2011ZX 09102－009－12	H5N1 禽流感病毒广谱治疗性单克隆抗体临床前研究	陈毅歆	303.2	科技部－国家科技重大专项	2011-01	2013-12
2013ZX 09101017－001－002	设计临床试验方案、组织临床试验及分析数据	赵勤俭	296.89	科技部－国家科技重大专项	2013-01	2015-12
2017ZX 10202203－003－001	限制性宿主因子相关的抗病毒新靶标	付国	445	科技部－国家科技重大专项	2017-01	2020-12
2017ZX 10304402－002－003	人鼠嵌合与树鼩肝嵌合小鼠感染模型及应用研究	程通	260.49	科技部－国家科技重大专项	2017-01	2020-12

续表

项目编号	项目名称	负责人	批准经费（单位：万元）	项目类型	计划开始日期	计划结项日期
2018ZX 09738—008	重组人乳头瘤病毒16/18型双价疫苗的III期临床研究和产业化	李少伟	791.1	科技部一国家科技重大专项	2018-01	2020-12
2018ZX 09711003—005	DNA病毒等重要或新发非烈性病毒药效学研究	程通	659.82	科技部一国家科技重大专项	2018-01	2020-12
2010DFB 30100	重组人乳头瘤病毒疫苗质量控制关键技术合作研究	夏宁邵	871	科技部国际科技合作重大项目	2009-01	2010-12
2007DFA 30970	利用基因克隆和重组技术发现微生物创新药物	林圣彩/钱晓鸣	165	科技部国际科技合作重点项目	2007-01	2010-12
2009DFA 60930	纤维素生物质转化制燃料酒精	龙敏南	180	科技部国际科技合作重点项目	2009-01	2011-12
2007BAC 27B02	POPs的机体负荷与健康效应评价技术研发	王重刚	100	科技部国家科技支撑（攻关）计划项目	2008-01	2011-12
2007BAI 07A22	手足口病（肠道病毒71型）免疫诊断试剂盒的研制	夏宁邵	872	科技部国家科技支撑（攻关）计划项目	2008-05	2010-12
02EFN 216900762	优质早稻“佳禾占”的实验与示范	王侯聪	30	科技部一农业部项目	2002-01	2004-12

续表

项目编号	项目名称	负责人	批准经费（单位：万元）	项目类型	计划开始日期	计划结项日期
200905009	新兴经济区滨海湿地生态系统修复技术研究与工程示范	林光辉	1384	国家海洋局海洋公益性行业科研专项	2009-10	2012-09
201005016	海洋污染生物效应快速监测与评价技术应用示范	王重刚	130	国家海洋局海洋公益性行业科研专项	2011-01	2014-12
16CZP014SF01	海洋工具酶的开发与产业化	张永有	250	国家海洋局其他项目	2016-10	2019-10
2016YFA052000	代谢感应蛋白机器与相关重大疾病	林圣彩	2714	国家重点研发计划	2016-07	2021-06
2016YFA0601302	海洋生源活性气体的生物地球化学循环过程与生态响应	高亚辉	380	国家重点研发计划	2016-07	2021-06
2016YFC1302403	研究肿瘤内在驱动分子对肿瘤微环境重塑的影响机制	尤涵	280	国家重点研发计划	2016-07	2021-06
2017YFA0504500	控制肝脏组织发育、再生重塑与大小的关键蛋白质机器	周大旺	3274	国家重点研发计划	2017-07	2022-06
2017YFA0506100	紫外光调控植物组织器官发育	黄烯	500	国家重点研发计划（青年科学家项目）	2017-01	2022-06

续表

项目编号	项目名称	负责人	批准经费（单位：万元）	项目类型	计划开始日期	计划结项日期
2020YFC1316800	生物大分子胞内递送系统的研究	陈毅歆	200	国家重点研发计划	2020-01	2021-12
81788101	天然免疫与炎症疾病	韩家淮（项目组主要成员）	2200	国家自然科学基金科学中心项目	2018-01	2022-12
39730400	包虫病（细粒及多房棘球蚴病）病原生态学及流行病学	唐崇惕	90	国家自然科学基金九五重点项目	1998-01	2002-12
30921005	肿瘤生长和抑制相关信号转导的调控	林圣彩	600	国家自然科学基金创新研究群体项目	2010-01	2012-12
311221065	肿瘤生长和抑制相关信号转导的调控（持续资助）	林圣彩	600	国家自然科学基金创新研究群体项目	2013-01	2015-12
31690101	脂代谢可塑性的感应分子机制及功能	林舒勇	275	国家自然科学基金重大项目课题	2017-01	2021-12
81790254	探索肿瘤微环境中的代谢波动对炎症和肿瘤免疫的影响和机制	周大旺	365.4	国家自然科学基金重大项目课题	2018-01	2022-12
90913024	真菌聚酮 mycoE 激活 AMPK 及其与 p38 和 PI3K/Akt 信号通路相互作用的机理	沈月毛	200	国家自然科学基金重大研究计划（重点支持项目）	2010-01	2013-12

续表

项目编号	项目名称	负责人	批准经费（单位：万元）	项目类型	计划开始日期	计划结项日期
91029304	小RNA在大肠炎症反应及其向肿瘤转化中的作用	韩家淮	250	国家自然科学基金重大研究计划（重点支持项目）	2011-01	2014-12
91429301	肠炎—癌转化中小RNA体内靶基因的鉴定和预测算法的研究	韩家淮	250	国家自然科学基金重大研究计划（重点支持项目）	2015-01	2017-12
91854208	基于细胞器的AMPK的区域化调控与代谢稳态调控	林圣彩	303	国家自然科学基金重大研究计划（重点支持项目）	2019-01	2022-12
91853203	以核受体Nur77为靶向发现调控脂代谢抑制乳腺癌进程的小分子化合物	吴乔	280	国家自然科学基金重大研究计划（重点支持项目）	2019-01	2022-12
30530150	海陆交错带红树林湿地典型污染物的生态学过程及修复	严重玲	140	国家自然科学基金重点项目	2006-01	2009-12
30630070	植物内生真菌抗肿瘤活性化合物通过孤生受体TR3介导的作用机理研究	吴乔	145	国家自然科学基金重点项目	2007-01	2010-12

续表

项目编号	项目名称	负责人	批准经费（单位：万元）	项目类型	计划开始日期	计划结项日期
30730025	Axin 通过调节 p53 信号通路控制细胞生长的机理	林圣彩	160	国家自然科学基金重点项目	2008-01	2011-12
30830092	4－1BBL 介导 LPS 刺激巨噬细胞持续性分泌 TNF 的机理	韩家淮	200	国家自然科学基金重点项目	2009-01	2012-12
30830023	原始脊索动物 Pax 基因功能及文昌鱼实验室模式系统建立	王义权	150	国家自然科学基金重点项目	2009-01	2012-12
30930017	外来植物影响下红树林生态系统服务功能的维持机制	林光辉	160	国家自然科学基金重点项目	2010-01	2013-12
40930847	我国近海海洋细菌的生态过程及关键菌群影响赤潮生消的机理	郑天凌	175	国家自然科学基金重点项目	2010-01	2013-12
30930076	钙及钙受体在树木响应酸雨中作用的分子机制	郑海雷	160	国家自然科学基金重点项目	2010-01	2013-12
30930013	小鼠胚胎着床过程中 Stat3 的作用机理	杨增明	191	国家自然科学基金重点项目	2010-01	2013-12

续表

项目编号	项目名称	负责人	批准经费（单位：万元）	项目类型	计划开始日期	计划结项日期
30930046	P－TEFb重活化调控机制及其对细胞周期的影响	陈瑞川	165	国家自然科学基金重点项目	2010-01	2013-12
3113001	基于Axin/TNKS/Kif3a的多蛋白复合体调控葡萄糖转运的机制	林圣彩	300	国家自然科学基金重点项目	2012-01	2016-12
31230019	孤儿受体TR3/Nur77在细胞自噬中的作用和信号转导通路	吴乔	317	国家自然科学基金重点项目	2013-01	2017-12
31330047	肿瘤坏死因子引起细胞坏死的信号通路研究	韩家淮	325	国家自然科学基金重点项目	2014-01	2018-12
31430094	Aida调控脂代谢稳态的分子机制	林圣彩	321	国家自然科学基金重点项目	2015-01	2019-12
81630042	细胞凋亡、坏死样凋亡、焦亡对机体获得性免疫调控作用的比较研究	韩家淮	280	国家自然科学基金重点项目	2017-01	2021-12
31730058	葡萄糖感应和AMPK调控的机制及其生物功能	林圣彩	310	国家自然科学基金重点项目	2018-01	2022-12

续表

项目编号	项目名称	负责人	批准经费（单位：万元）	项目类型	计划开始日期	计划结项日期
81730070	糖酵解限速酶外泌重塑肿瘤微环境促进肝癌进程	吴乔	302	国家自然科学基金重点项目	2018-01	2022-12
81830046	激酶 NDR1/2 在机体抗感染应激中免疫调节与宿主防御的作用机制与功能研究	陈兰芬	295	国家自然科学基金重点项目	2019-01	2023-12
81830047	MicroRNA 及其靶基因在自身免疫病中的作用机理研究	肖昌春	294	国家自然科学基金重点项目	2019-01	2023-12
J0630649	厦门大学生物学基地	陈小麟	180	国家自然科学基金国家基础科学人才培养基金项目	2007-01	2009-12
J0730642	厦门大学生物学基地	陈小麟	130	国家自然科学基金国家基础科学人才培养基金项目	2008-01	2010-12
J0830624	厦门大学生物学基地	陈小麟	180	国家自然科学基金国家基础科学人才培养基金项目	2009-01	2011-12
J1030626	厦门大学生物学基地	陈小麟	200	国家自然科学基金国家基础科学人才培养基金项目	2011-01	2012-12

续表

项目编号	项目名称	负责人	批准经费（单位：万元）	项目类型	计划开始日期	计划结项日期
J1210072	厦门大学生物学基地野外实践能力提高	陈小麟	400	国家自然科学基金国家基础科学人才培养基金项目	2013-01	2016-12
J1310027	厦门大学生物学基地科研训练及科研能力提高项目	周大旺	400	国家自然科学基金国家基础科学人才培养基金	2014-01	2017-12
30710103908	红树根际系统中典型有机污染物界面分异与行为特征研究	严重玲	110	国家自然科学基金国际（地区）合作交流项目	2008-01	2011-12
30810103905	TR3 及其相互作用新蛋白的生物学和生理性功能研究（美国）	吴乔	120	国家自然科学基金国际（地区）合作交流项目	2009-01	2012-12
81261160322	慢性乙型肝炎治疗新标识：乙型肝炎病毒核心抗体的临床意义及免疫机制（厦门大学国家传染病诊断试剂与疫苗工程技术研究中心）	夏宁邵	170	国家自然科学基金国际（地区）合作交流项目	2013-01	2015-12
81361120386	幽门螺旋杆菌所致炎症及胃癌病变过程的转录调控机制	陈瑞川	180	国家自然科学基金国际（地区）合作交流项目	2014-01	2016-12

续表

项目编号	项目名称	负责人	批准经费（单位：万元）	项目类型	计划开始日期	计划结项日期
81361120408	单克隆抗体中和呼吸道合胞病毒的结构基础	夏宁邵	180	国家自然科学基金国际（地区）合作交流项目	2014-01	2016-12
31420103910	巨噬细胞中细菌脂多糖信号传导动态过程的系统化和定量化研究	韩家淮	294	国家自然科学基金国际（地区）合作交流项目	2015-01	2019-12
81661138005	双环霉素杀灭多重耐药革兰氏阴性菌的机理和应用研究	邓贤明	250.85	国家自然科学基金国际（地区）合作交流项目	2016.07	2019-06
81861138047	靶向细菌关键的调控系统开发新型的抗菌活性物质	韩爱东	300	国家自然科学基金国际（地区）合作交流项目	2019-01	2022-12
U1205023	核因子 Ovol2 在结肠癌侵袭转移过程中的调节机制研究	李博安	260	国家自然科学基金促进海峡两岸科技合作联合基金	2013-01	2016-12
U1405224	核受体 Nur77/TR3 在肝癌发生发展中的作用机理和防治基础研究	吴乔	256	国家自然科学基金促进海峡两岸科技合作联合基金项目	2015-01	2018-12

续表

项目编号	项目名称	负责人	批准经费（单位：万元）	项目类型	计划开始日期	计划结项日期
U1405220	基于中草药天然产物的核受体靶点药物筛选及调控结构机理研究	李勇	254	国家自然科学基金促进海峡两岸科技合作联合基金项目	2015-01	2018-12
U1405223	基于海洋微生物的靶向抗肿瘤药物研究	邓贤明	256	国家自然科学基金促进海峡两岸科技合作联合基金项目	2015-01	2018-12
U1405225	Hippo 通路在内质网稳态维持中的调节作用及其在肝癌治疗应用中的研究	陈兰芬	255	国家自然科学基金促进海峡两岸科技合作联合基金项目	2015-01	2018-12
U1505224	原癌基因 Skp2 的功能调节及其在肝脏稳态维持和肝癌发生发展中的作用和应用	周大旺	257	国家自然科学基金促进海峡两岸科技合作联合基金	2016-01	2019-12
U1505223	PI3K/AKT/FoxO 信号网络在乳腺癌发生及侵袭转移中的机理研究	尤涵	256	国家自然科学基金促进海峡两岸科技合作联合基金	2016-01	2019-12
U1705284	外泌体 Glypican－3 作为肝细胞肝癌早期诊断与治疗靶标的上下游机制研究	李博安	204	国家自然科学基金促进海峡两岸科技合作联合基金	2018-01	2021-12

续表

项目编号	项目名称	负责人	批准经费（单位：万元）	项目类型	计划开始日期	计划结项日期
U1705287	c—Src通过调节糖酵解和磷酸戊糖途径促进肿瘤发生发展的机理	李勤喜	204	国家自然科学基金促进海峡两岸科技合作联合基金	2018-01	2021-12
U1705283	基于结构的人乳头瘤病毒型别交叉疫苗的分子设计和免疫机制研究	李少伟	204	国家自然科学基金促进海峡两岸科技合作联合基金	2018-01	2021-12
40627001	海洋浮游植物显微自动识别系统	高亚辉	80	国家自然科学基金科学仪器基础研究专款	2007-01	2009-12
30125012	Axin在Jnk信号传导途径中的功能和癌分子生物学中的意义	林圣彩	80	国家自然科学基金国家杰出青年科学基金	2002-01	2005-12
30425014	生物化学与分子生物学	吴乔	140	国家自然科学基金国家杰出青年科学基金	2005-01	2008-12
30925030	病毒性传染病疫苗及血清学分子基础研究	夏宁邵	200	国家自然科学基金国家杰出青年科学基金	2010-01	2013-12
31625010	分子免疫学	周大旺	400	国家自然科学基金国家杰出青年科学基金	2017-01	2021-12

续表

项目编号	项目名称	负责人	批准经费（单位：万元）	项目类型	计划开始日期	计划结项日期
81725012	肿瘤生物学	尤涵	350	国家自然科学基金国家杰出青年科学基金	2018-01	2022-12
81222030	肿瘤发生生物学	周大旺	100	国家自然科学基金优秀青年科学基金项目	2013-01	2015-12
81422018	免疫细胞的分化调节	陈兰芬	100	国家自然科学基金优秀青年科学基金项目	2015-01	2017-12
81422045	靶向抗肿瘤药物学	邓贤明	100	国家自然科学基金优秀青年科学基金项目	2015-01	2017-12
81522027	病原寄生虫学	袁晶	150	国家自然科学基金优秀青年科学基金项目	2016-01	2018-12
31822013	核受体生物学	陈航姿	130	国家自然科学基金优秀青年科学基金项目	2019-01	2021-12
31822027	营养感应信号通路的生理功能和作用机制	林舒勇	130	国家自然科学基金优秀青年科学基金项目	2019-01	2021-12
31922034	AMPK 的时空调控及其生理功能研究	张宸崧	120	国家自然科学基金优秀青年科学基金项目	2020-01	2022-12

二、省部级项目

项目编号	项目名称	负责人	批准经费（单位：万元）	项目类型	计划开始日期	计划结项日期
2002F002	Axin在控制细胞生长及应激反应两种途径中双功能性转换机制及结构	林圣彩	70	福建省科技计划重大项目	2002-01	2005-12
2002N005	生物杀线虫药PL菌剂的中试与推广	潘沧桑	50	福建省科技计划重大项目	2002-01	2005-12
2002F013	戊型肝炎治疗性基因工程抗体研究	夏宁邵	70	福建省科技计划重大项目	2002-01	2004-12
2010N5013	“酪氨酸酶抑制剂”生物保鲜剂在果蔬上的应用研究	陈清西	50	福建省科技计划重大项目	2010-03	2013-02
2011N5013	优质水稻新品种选育与产业化	郑景生	40	福建省科技计划重大项目	2011-04	2014-03
2013Y4008	20种人乳头状瘤病毒基因分型试剂盒的研制	许晔	50	福建省科技计划重大项目	2013-03	2016-03
2004NZ01－3	优质、高产、多抗常规水稻新品种选育	王侯聪	75	福建省科技计划重大专项专题项目	2004-01	2005-12

续表

项目编号	项目名称	负责人	批准经费（单位：万元）	项目类型	计划开始日期	计划结项日期
2005YZ1022	可再生盐藻生物质油的开发研究	刘广发	20	福建省科计划重大专项前期项目	2005-08	2008-08
2001Z040	结核杆菌基因工程抗原及快速诊断试剂的研制	夏宁邵	15	福建省科技计划重点项目	2001-01	2004-12
2001Z159	千亩龙眼现代农业示范园建设	黄耀坚	10	福建省科技计划重点项目	2001-01	2005-12
2001Z159	水稻高效育种新途径在优质早稻选育中的应用	王侯聪	10	福建省科技计划重点项目	2001-01	2005-12
D0120001	木麻黄质膜转运蛋白对酸雨、盐胁迫的响应及其化学调控	严重玲	15	福建省科技计划重点项目	2001-05	2004-05
C0220001	粪便标本多基因突变联合检测高通量筛查结肠癌	李庆阁	15	福建省科技计划重点项目	2002-05	2005-05
2003N052	海洋贝类特异活性肽的开发应用研究	李祺福	10	福建省科技计划重点项目	2003-01	2005-12
2003N053	海洋微藻抗衰老活性物质的开发研究	高亚辉	10	福建省科技计划重点项目	2003-01	2006-12

续表

项目编号	项目名称	负责人	批准经费（单位：万元）	项目类型	计划开始日期	计划结项日期
2003Y036	红树植物抗肿瘤等生物活性物质的筛选及其活性先导化合物的发现	林鹏	20	福建省科技计划重点项目	2003-01	2005-12
2003N051	W 病毒的诊断试剂盒及其基因工程疫苗的研制	陈亮	20	福建省科技计划重点项目	2003-01	2006-12
2004N005	禽流感病毒双色荧光实时 PCR 检测试剂盒的研制	陈亮	10	福建省科技计划重点项目	2004-01	2005-12
2004N003	海洋真菌生物活性物质的提取与开发	郑忠辉	10	福建省科技计划重点项目	2004-01	2007-12
2004N004	气单胞菌双价高效疫苗中试	彭宣宪	10	福建省科技计划重点项目	2004-01	2006-12
2004N002	多酚氧化酶抑制剂用于新型生物农药的创制	陈清西	10	福建省科技计划重点项目	2004-01	2006-12
2005I016	高效生物质制氢	龙敏南	12	福建省科技计划重点项目	2005-01	2007-12
2005N045	无致病力青枯雷尔氏菌生防机制研究及其在植物青枯病控制中的应用	张赛群	10	福建省科技计划重点项目	2005-01	2008-12

续表

项目编号	项目名称	负责人	批准经费（单位：万元）	项目类型	计划开始日期	计划结项日期
F2006 BAI01B06	禽流感病毒H5亚型系列中和性单克隆抗体库的构建及初步应用	夏宁邵	35	福建省科技计划重点项目	2006-07	2009-03
2007Y0033	海洋抗肿瘤先导化合物阿霉酮的研究与开发	吴乔	10	福建省科技计划重点项目	2007-01	2009-12
2007N0051	蔬菜主要病虫害杀虫剂的研制与应用	陈清西	12	福建省科技计划重点项目	2007-07	2009-12
2007N0052	溶藻弧菌外膜蛋白高效多价疫苗功能基因优选	彭宣宪	10	福建省科技计划重点项目	2007-07	2009-12
2008N0044	柑橘黄化大面积防治的示范及PL菌剂技术标准的制定	秦复牛	11	福建省科技计划重点项目	2008-01	2010-12
2008N0122	籼稻新矮源的发现及其研究和应用	叶志云	11	福建省科技计划重点项目	2008-03	2010-12
2008Y0061	海洋石油污染生物修复技术的研究开发	田蕴	12	福建省科技计划重点项目	2008-03	2010-12
2008S0007	黄嘴白鹭等珍稀鹭类养殖技术研究与示范	陈小麟	12	福建省科技计划重点项目	2008-03	2010-12

续表

项目编号	项目名称	负责人	批准经费（单位：万元）	项目类型	计划开始日期	计划结项日期
2009I0026	在已有药库中开发出以26S proteasome为靶点的抗癌药物	陶涛	10	福建省科技计划重点项目	2009-03	2012-12
2009Y0048	餐厨废弃物资源化的微生物技术研发	郑天凌	15	福建省科技计划重点项目	2009-03	2011-12
2009N0051	口蹄疫病毒假病毒颗粒多肽核酸双疫苗	陈亮	15	福建省科技计划重点项目	2009-03	2012-01
2009N0052	盐藻生物能源生产中试工程	陈长平	15	福建省科技计划重点项目	2009-03	2011-12
2011Y0050	幽门螺杆菌IgG，CEA，CA19－9三联胃癌检测试剂盒的研发	李晓彤	12	福建省科技计划重点项目	2011-05	2014-04
2019J01071670	Periostin蛋白促进肝癌发生发展的分子机制	欧阳高亮	40	福建省科技计划重点项目	2019-04	2022-04
B0420001	亚热带果树病毒表达载体构建	李春江	15	福建省科技计划自然科学基金项目	2004-05	2007-04
C0520001	Cdk5调节致癌因子b－catenin在细胞内分布的机制	林圣彩	15	福建省科技计划自然科学基金项目	2005-05	2008-05

续表

项目编号	项目名称	负责人	批准经费（单位：万元）	项目类型	计划开始日期	计划结项日期
2011N5013	优质水稻新品种选育与产业化	郑景生	40	福建省科技计划高校产学合作项目	2011-04	2014-03
2018Y4013	基于固相恒温基因扩增技术的呼吸道感染病原检测快速诊断试剂盒（九合一）的研发	李博安	40	福建省科技计划项目高校产学合作项目	2018-04	2021-03
2009Y0002	人感染禽流感治疗性抗体临床前关键技术研究	夏宁邵	300	福建省科技重大专项项目	2009-04	2012-04
2011YZ0002-1	肿瘤诊断系列高活性免疫原料的研制	陈毅歆	110	福建省科技重大专项项目	2011-09	2014-09
FJZYCXNY2017004	优质高效水稻新品种选育与产业化开发	王侯聪	800	福建省种业创新与产业化工程农业良种重大科研育种攻关与产业化工程项目	2017-07	2020-12
2010ZL002	国家一类新药戊型肝炎疫苗的产业化	李少伟	50	福建省专利技术实施与产业化计划	2010-12	2012-12

续表

项目编号	项目名称	负责人	批准经费（单位：万元）	项目类型	计划开始日期	计划结项日期
2009J06021	基于 Axin 的多蛋白复合体决定细胞命运的机理	李勤喜	30	福建省科技计划杰青项目	2009-03	2011-12
2009J06020	中国隐匿性乙型肝炎病毒感染的分子病毒学研究	张军	30	福建省科技计划杰青项目	2009-03	2011-12
2010J06013	Periostin 蛋白在人肿瘤干细胞形成及维持中的功能	欧阳高亮	30	福建省科技计划杰青项目	2010-06	2013-05
2010J06014	真菌聚酮 mycoE 抑制炎症反应和泡沫细胞形成的作用机理研究	俞春东	30	福建省科技计划杰青项目	2010-06	2013-05
2011J06015	戊型肝炎疫苗中和表位及其型特异性的结构基础研究	李少伟	30	福建省科技计划杰青项目	2011-04	2014-04
2013J06011	利用转基因表达 Mst1 变异体研究 Mst1 激酶在 T 细胞活化功能中的作用	周大旺	25	福建省科技计划杰青项目	2013-01	2015-12
2018J06009	紫外光形态建成的分子机理与应用基础	黄烯	25	福建省科技计划项目杰青项目	2018-04	2021-04

续表

项目编号	项目名称	负责人	批准经费（单位：万元）	项目类型	计划开始日期	计划结项日期
2020YZ014001	新型冠状病毒候选疫苗及质量控制方法研究	陈毅歆	350	福建省科技重大专项	2020-02	2021-03
2020Y0001	新型冠状病毒核酸现场快速诊断系统的开发	李庆阁	20	福建省科技计划引导性项目	2020-02	2021-02

第六章
感恩生科

近100年来，学院在秉志、钟心煊、陈子英、林绍文、汪德耀、黄厚哲、韩家淮、林圣彩等学术大师的引领下，继往开来、砥砺前行，为国家培养和造就了包括伍献文、曾呈奎、肖培根、唐仲璋、唐崇惕、林鹏、陈宜瑜、韩家淮等8位院士，包括金德祥、方宗熙、张松踪、庄绍华、黄厚哲、丘书院、陈宏溪、李少菁等众多优秀科学家和教育家在内的毕业生1万余人，已成为我国最具影响力的生物学人才培养与科学研究的重要基地。长期以来，厦门大学生命科学学院的多位师长、系友校友及社会各界热心人士秉承“嘉庚精神”，感恩母校、情系学院，捐资设立了下列各项奖学金、助学金和奖教金。20多年来，下列奖学、助学、奖教金已经奖励、资助了家境清贫、品学兼优的学生上千人，奖教金277人次。为生命科学学院的人才培养、学科建设、队伍建设、科学研究等各项教育事业做出了重要贡献。

“黄朝阳楼”建设基金

黄朝阳先生1984年从福建省泉州市南安华侨中学高中毕业后开始创业
1987年创办中骏集团控股有限公司，是一家集投资控股、建筑机械及电力设备的制造和销售、房地产开发、物业投资、贸易等多类业务的综合性集团企业。黄朝阳先生在发展个人事业的同时，亦不忘回馈社会，积极投身国家的公益慈善事业。2011年，黄朝阳先生为助力厦门大学教学科研事业，向厦门大学热心捐赠2000万元人民币用于翔安新校区生命科学学院大楼（黄朝阳楼）建设，2012年厦门市人民政府授予黄朝阳先生“捐资兴学尊师重教模范”金质奖章。

2014年元月，厦门大学翔安校区教学科研楼落成典礼隆重举行（图6-1、6-2）。黄朝阳先生捐资助学的慷慨义举既是对厦门大学的认同和支持，也承载着对厦门大学及生命科学学院的期待和希望。学院自2012年9月整体搬迁至新大楼后，硬件条件得到大幅改善，为各方面科研成果涌现提供了重要保障。黄朝阳先生表示,“当年,陈嘉庚心系故乡,倾心倾力创办教育,成为华人华侨的榜样。我能为母校做些力所能及的事,深感荣幸。今后,中骏集团和我本人将会继续关心和支持教育事业,秉承爱国爱校的奉献精神,为厦门大学的发展做出更多贡献。”学校和学院也将科学管理、高效运转,使每栋大楼在人才培养过程中充分发挥功效,让厦门大学培养出更多的社会栋梁之材,真正把社会各界对我们的支持化为推动高水平研究型大学建设的动力,以优异的教学和科研成绩回报广大校友和社会各界朋友对学校和学院的厚爱。

图 6-1　黄朝阳楼落成典礼

图 6-2　黄朝阳楼

“跃进楼”建设基金

郭跃进先生是厦门大学的荣誉校友，1993 年创立“豪客来”品牌，是厦门豪客来餐饮管理有限公司的董事长，是在中国市场推广和普及牛排文化及刀叉文化的功臣，更是不遗余力的慈善事业贡献者。郭跃进先生带领公司在快速发展的同时，始终把回馈社会作为重要的责任和义务。百年大计，教育为本，教育是郭跃进先生带领的“豪客来”公益事业关注与支持的核心。2016 年，为助力厦门大学的建设和厦门大学生命学科的跨越式发展，郭跃进先生以个人名义热心捐赠人民币 2000 万元，捐赠款项专项用于建设厦门大学翔安校区“厦门大学细胞应激生物学国家重点实验室”暨“细胞信号网络协同创新中心”大楼，总建筑面积不少于 8000 m^2，建设大楼永久冠名为“跃进楼”。

2016 年 6 月 12 日上午，捐赠仪式在厦门大学颂恩楼举行(图 6-3)。厦门大学副校长、细胞应激生物学国家重点实验室暨细胞信号网络协同创新中心主任韩家淮代表学校接受捐赠并向郭跃进先生颁发捐赠证书，学校授予郭跃进先生厦门大学校友的荣誉身份。厦门大学党委书记张彦代表学校对郭跃进校友表示感谢，充分肯定了郭跃进校友的慷慨捐赠必将大大改善细胞应激生物学国家重点实验室和细胞信号网络协同创新中心的教学科研条件，助力我校医学与生命学科的跨越式发展。学校将倍加珍惜这份捐赠，更加努力工作，争创世界一流生命及医学学科。

2020 年 7 月，细胞应激生物学国家重点实验室“跃进楼”正式投入使用(图 6-4)。

图 6-3 细胞应激生物学国家重点实验室大楼捐建仪式

图 6-4　细胞应激生物学国家重点实验室“跃进楼”

汪德耀奖学金、奖教金

汪德耀先生(图 6-5)是我国细胞学生物学奠基者之一,1943 年起长期任教厦门大学生物学系,曾任福建省政协常委、厦门市政协副主席、农工党中央咨监委常委、厦门大学校长。汪德耀先生一生爱国爱教爱生,早年海外学成归国,虽历坎坷却报国无悔,终生致力于我国的细胞生物学科研与教学事业。他爱生如子,扶助学生不遗余力。汪德耀先生仙逝后,美洲校友感念其高义发起倡议,全球校友募捐成立“汪德耀王文铮生命科学基金”,传承汪德耀先生爱国爱教爱生的精神。基金下设“汪德耀奖学金”,每年奖励家境困难且品学兼优的本科生 6 名,每生奖励人民币 2500 元整。2004 年至今,已累计奖励资助本科生 96 名,共计 25.8 万元。

图 6-5　汪德耀先生

同时,美洲校友会为激励母系教职员工从教乐教、奖教促优设立“汪德耀奖教金”,每年授予 10 名在教学、科研工作上做出突出贡献的生命科学学院教职工,每人奖励人民币 1000 元整。自评定起至今,汪德耀奖教金已经奖励教职工 105 人次,共计 10.5 万元。

黄厚哲纪念基金助学金

黄厚哲先生(图 6-6)是中国著名遗传学家和生物学教育家,出生于福建南安,早年家境贫寒,但仍然勤奋学习,刻苦钻研,于 1938 年考入厦门大学生物学系。1942 年于我系毕业后留校任教,他与夫人曾亚卿先生在厦大生物学系的教龄加起来达 100 年之久,为厦门大学生物学系的教学科研工作做出巨大贡献。

两位先生驾鹤之后,其子女夙先生遗愿,捐款成立"黄厚哲一曾亚卿奖学金",每年奖励 3 名家境困难且品学兼优的本科生新生,每人奖励人民币 2000 元整。2004 年至 2016 年,累计共奖励资助本科生 36 人,共计 7.2 万元。为弘扬先生严谨治学、淡泊名利、关爱学生、无私奉献的高尚品德,2014 年王侯聪等教授在黄厚哲先生百年诞辰之际,发起倡议成立"黄厚哲纪念基金",设立"黄厚哲纪念基金助学金",基金合并原有的"黄厚哲一曾亚卿奖学金"。来自海内外社会各界的 100 余位校友倾囊捐献,基金总额已超人民币 110 万元。自 2017 年起黄厚哲纪念基金继续资助厦门大学生命科学学院家境贫寒且品学兼优的本科学生。助学金资助总额每年不少于 5 万元,资助等级分为三等,特等助学金标准为 10000 元/人,一等为 5000 元/人,二等为 3000 元/人,由理事会审议年度助学金的评定和发放。2017 年至 2019 年,"黄厚哲纪念基金"奖励资助本科生 28 人,共计 9.9 万元。

图 6-6　黄厚哲先生

林学明奖教金

林学明先生1957年考入厦门大学生物学系植物学专业，现任印度尼西亚林氏企业集团董事长。林先生感念母校恩情，心系学院发展，于1992年捐赠11.6万元人民币设立“林学明教育基金”。为激励母系教职员工从教乐教、奖教促优，支持学院人才队伍的发展建设，下设“林学明奖教金”，每年评选出10名(原定8名，后增至10名)在教学、科研工作上做出突出贡献的生物学系员工，奖励每人人民币1000元整。自评定起至今，林学明奖教金已经奖励教职工105人次，共计10.5万元。

嫩苗奖学金

2004年，为感谢母系培育之恩，84级寄生动物学专业校友罗斌倡议，81级微生物学专业校友陈惠光、81级生化专业校友陈玉秋、85级生化专业校友江伟斌、89级生化专业校友刘良、84级植物学专业校友刘宇新、85级生化专业校友彭三三、85级植物学专业校友王方、83级植物学专业校友翁师德、88级生化专业校友吴尚毅等10位校友共同发起成立“嫩苗奖学金”，以学长身份反哺母系学生、助苗成长，首期捐赠资金共计8万元人民币。2012年12月，陈惠光、翁师德、罗斌、刘良各捐资10万元人民币注入嫩苗奖学金。嫩苗奖学金是我院第一个由毕业系友捐建的奖学金，在学生当中具有广泛的影响力。该项奖学金每年资助3名本科生和2名研究生，每生资助人民币1000元，2013年起调整为每生2000元。2004年以来，累计奖励优秀学生80人，共计11.5万元。

庄绍华奖学金

庄绍华先生于1937年考入厦门大学生物学系，1941年从生物学系毕业后留校任教，此后又曾分别任教于上海医学院、台湾大学、香港大学和马来西亚大学等国内外高等学府，从教经验十分丰富。随后庄先生任职于新加坡国立大学生物学系主任（已退休），始终敬业奉献在生物领域教学科研岗位上。2007 年，庄绍华先生感恩母校、情系母院，向厦门大学教育发展基金会捐赠 20 万美金，其中 1/3 的捐赠金额（约 6.7 万美金）指定用于支持生命科学学院购置大型仪器设备——扫描电子显微镜（JSM－6390 LV）；将余下 2/3 的捐赠金额设立校级奖学金——“庄绍华奖学金”，用于奖励厦门大学各专业领域的优秀学子，指定每年奖励生命科学学院学生 20 名（本科生 10 名，研究生 10 名），每人 2500 元。2008 年起至今，庄绍华奖学金奖励品学兼优的生科学子累计 200 人次，共计 50 万元。

久依奖助金

2012 年生命科学学院 90 周年院庆之际，生物学系 1991 级全体本科学生感恩母系，回馈学院，尽己之力慷慨解囊，共捐资 9.9 万元人民币成立“久依奖助金”。“久依”取自九一的谐音，更寓意着 91 级全体同学对母校的热爱长长久久，对母系的感恩之心依然如故、始终如一。久依奖助金指定用于奖励资助学院家境清寒且品学兼优的本科学生，每年奖助 5 人，每人 2000 元人民币。2013 年起评定，至今累计资助 35 名本科学生，共计 7 万元。

生物系 92 级生物奖学发展基金

2012 年生命科学学院 90 周年院庆之际，生物学系 1992 级全体本科同学情系母院，感念母系培育恩情，集体捐资 5.3 万元人民币建立“生物系 92 级生物奖学发展基金”，支持学院生物学科建设，推动学院学术发展潜力，助力学院人才培养。92 级生物奖学金每年奖励家境困难且品学兼优的本科生 2 人，奖助金额为每人每年 3000 元人民币。基金自 2013 年起评定，至今累积资助 14 名本科学生，共计 4.2 万元。

93 系友助学金

2012 年生命科学学院 90 周年院庆之际，生物学系 1993 级全体本科同学感念母系恩情，反哺母系学生，助力母系各项教育事业发展，集体捐资 7.85 万元人民币设立“93 系友助学金”，每年捐助 4 名家庭经济非常困难的本科学生，特别指定优先资助西部及边远山区的贫困本科生，每人每年 2000 元人民币。93 系友助学金自 2013 年起评定，至今累计资助 28 名本科学生，共计 5.6 万元。

生工科研奖学金

2003 年成立的生工生物工程（上海）股份有限公司，是一家致力于提供生命科学产品与技术服务的企业。为提高生命科学专业研究生刻苦钻研的积极性，对在学习和科研中表现突出的研究生进行奖励，自 2012 起向我院每年热心捐赠 9000 元人民币，成立“生工科研奖学金”，连续资助 5 年，合计 45000 元。奖学金每年奖励 3 名品学兼优的研究生，每人 3000 元。自 2012 年至 2016 年累计奖励资助 15 名研究生，共计 4.5 万元。

厦大生科院青年才俊学术交流基金

宝诚生物福建分公司厦门宝诚生物技术有限公司是一家致力于为优秀国外生命科学生产企业在闽、赣两省的技术推广、产品销售和售后服务工作的企业。为促进生命科学研究、服务科研事业发展，厦门宝诚生物技术有限公司自 2012 年起每年向我院捐赠 10000 元人民币，设立“厦大生科院青年才俊学术交流基金”，连续捐赠 5 年，用于资助学院在读硕士、博士或青年研究人员等青年才俊对外学术交流，包含国内学术会议差旅资助或文章发表奖励等。

《生物技术概论》稿酬捐赠

《生物技术概论》是一本全面介绍现代生物技术的概念、原理、研究方法、发展方向及其应用领域的专著。内容涉及基因工程、细胞工程、发酵工程、酶工程、蛋白质工程以及生物技术在农业、食品、医药、能源、环境保护等领域中的应用,同时还概要介绍了对生物技术发明创新的保护以及生物技术的安全性等。该书已更新至第四版,对生命科学领域的学术研究具有重要意义。2014 年,《生物技术概论》的全体作者为支持学院生物学科发展,助力学院人才队伍建设,将专著稿酬 12 万元人民币捐赠予学院,用于奖教基金,侧重奖励在教学工作上成绩优异、贡献突出的教师。以此肯定高校教学工作的重要性,激励教学水平的提高。

"富吉医疗学术报告厅"建设基金

裴元虎先生是亚洲核医学秘书处秘书长、厦门大学生命科学学院兼职教授,2010 年创立上海富吉医疗器械有限公司,是一家专心致力于国家医疗器械行业发展的企业。2014 年,为促进学院科学研究的发展,改善我校生命科学领域学术交流的条件,裴元虎先生代表富吉医疗器械有限公司向我院捐赠 100 万元人民币。捐赠金额分 6 年捐赠完毕,每年捐赠 15 万元,第 6 年捐赠 25 万元。捐赠款项指定用于建设厦门大学翔安校区生命科学学院(黄朝阳楼)B 幢 5 楼学术报告厅的装修及设备购置。

豪客来育人基金

由郭跃进先生(厦门大学荣誉校友)于 1993 年创立的厦门豪客来投资管理有限公司,有着享誉全国各地的牛排餐饮文化。2015 年 3 月,厦门豪客来投资管理有限公司为助力学院人才培养建设,资助学院家庭经济困难并努力学习的优秀学子,支持学院开展有益学生身心健康与个人成长的文体活动,出资 12 万元人民币在我院设立"豪客来育人基金",每年注资 12 万元,连续资助 5 年。每年捐助金的50%用于奖励学习成绩优秀、各方面综合能力突出的优秀学子和资助家境清寒但积极上进的贫困学子;余下50%用于支持生科学子开展丰富有益的文体活动。其中,豪客来奖学金分为一等奖学金每年3名(本科生2名,研究生1名),每名奖励5000元;二等奖学金每年10名(本科生7名,研究生3名),每名奖励3000元;豪客来助学金每年资助5人(本科生3人,研究生2人),每人3000元。自2015年至今累计奖励资助生科院学子90人,共计30万元;支持我院举办各类有益学生身心健康的大小活动共15次,共计约22万元。

景杰奖学金

杭州景杰生物科技有限公司成立于2010年,是一家以个体化医学一表观遗传学前沿研究领域为科学背景的,集研发、生产和服务于一体的创新型生物高科技企业。为支持生命科学学科的建设与应用发展,助力生命科学学院人才培养,景杰生物科技有限公司于2015年首期出资10万元人民币,面向厦门大学细胞应激生物学国家重点实验室全日制研究生专项设立"景杰奖学金"。景杰奖学金每年资助优秀研究生5人,每人10000元人民币。自2015年至今,累计奖励资助品学兼优的研究生15人,共计15万元。

获硕贝肯 HLA 助学基金

郑仲征先生是我院2015级生物化学与分子生物学博士研究生,2011年创立上海获硕贝肯生物科技有限公司,致力于移植免疫诊疗技术应用和新的移植材料开发。2015年,为助力学院更好地开展高校育人工作,上海获硕贝肯生物科技有限公司捐资人民币75000元,设立"获硕贝肯 HLA 助学基金",计划每年启用15000元用于资助我院家庭经济困难且品学兼优的全日制在读硕士研究生,每年3名,每人5000元。自2018年至今累计资助品学兼优的硕士研究生共6人,共计3万元。

多功能酶标仪捐赠

林哈娜女士是厦门大学生命科学学院77级微生物学专业校友，现在美国哥伦比亚大学从事生命科学研究工作。2015年，林女士为感谢学校多年的培养、支持学院人才培养工作，热心捐赠一台进口仪器——多功能酶标仪（型号SpectraMax M5），价值5万元美金。捐赠仪器用于教学科研，助力学院学科发展建设。

77微专助学奖学金

2016年，生物学系77级微生物专业校友为感谢母系恩情，帮助学院更好地开展高校育人工作，资助学院家庭经济困难但愿意努力奋斗的学生顺利完成学业，捐资16万元人民币设立“77微专助学奖学金”。助学奖学金每年捐助7名左右家境困难但刻苦用功的生科学子，每人每年5000元。至今已累计资助36名生科学子的求学之路，共计14.7万元。

力品育人基金

叶英女士2016年任职厦门大学生命科学学院兼职教授，福建省“百人计划”专家、厦门市“双百计划”领军型创业人才，创立力品药业（厦门）有限公司，致力于生物医药的研发与应用。2016年力品药业（厦门）有限公司为支持学院生命科学教育事业的建设和发展，捐资20万元人民币成立“力品育人基金”，每年注资基金20万元，首期捐助期暂定3年，捐助金由学院的教育事业和人才培养需要自主安排。2016年、2017年以及2019年分别捐赠20万元。

众福基金

朱斌琳老师于 1997 年 8 月进入厦门大学生命科学学院工作至今，兢兢业业为学院实验教学工作贡献了数十载年华。为支持学院教育事业的建设和发展，2016 年朱斌琳老师热心捐赠 100 万元人民币成立“众福基金”。基金作为留本基金，每年用基金收益支持学院优秀教师等人才队伍建设，包括奖励优秀教学、救急教职工困难生活以及学院其他应急支出等。

鸿星尔克奖助金

鸿星尔克(厦门)投资管理有限公司由品牌创始人吴荣光先生于 2006 年 8 月成立，是一家专业从事投资管理、资产管理的综合性投资管理公司。自 2016 年起，为促进学院教育事业发展，助力高校人才队伍建设与优秀人才培育工作，鸿星尔克(厦门)投资管理有限公司每年热心捐赠人民币 10 万元。每年 10 万元的捐助金中 5 万元用于发放教师奖教金，奖教促优；另外 5 万元用于支持学院教工运动会、学生运动会、暑期社会实践、志愿服务项目等文体与实践活动。

欧米克奖励金

邓志敏先生 2014 年创立厦门欧米克生物科技有限公司，致力于生物药品的研发与制造等工艺。为助力厦门大学生命科学学科的发展，积极支持生命科学学院师资队伍建设和研究生人才培养工作，2017 年 7 月和学院签订人民币 200 万元的捐赠协议，成立“欧米克奖励金”，每年向我院捐赠 20 万元，共捐赠 10 年，主要用于奖励年度教学、科研、管理等成果突出的优秀教师(含博士后)和品学兼优的研究生。

生命科学学院感恩基金

李东波、毛颖波伉俪同为我院93级细胞生物学专业校友，李东波先生现任上海康娃生物技术公司总经理，毛颖波女士现为中科院上海生命科学研究院副研究员。两位校友为感念母校恩情，心系母院发展，于2017年热心捐赠人民币100万元整，成立“生命科学学院感恩基金”，支持生命科学学院学科建设、人才培养、队伍建设等各项教育事业的发展。

生命科学学院校友树木捐赠

2017年，90级寄生动物学专业校友王旭辉先生，感念母校学院的教育之恩，热心捐赠生命科学学院总价值近70万元的校友之树，包括8棵大香樟树(图6-7)、2棵树葡萄和1棵百年大榕树。校友之树均扎根于厦门大学翔安校区生命科学学院黄朝阳楼B幢院门前庭。郁郁葱葱的百年老树，饱含了王旭辉校友对生命科学学院的美好祝愿，祝福学院在生命科学学科建设、优秀人才培养等各项教育事业上欣欣向荣、蒸蒸日上。

图6-7　香樟树

林毅雄育人基金

林毅雄先生于1952年就读于厦门大学生物学系植物学专业，生前曾任中国科学院生态环境研究中心教授。林毅雄校友逝世后，其遗孀徐明慧女士秉承其遗志，为感恩母校学院，助力学院各项教育事业的建设与发展，于2018年捐赠生命科学学院人民币100万元，成立“林毅雄育人基金”，用于支持生命科学学院人才培养及教育事业的建设和发展。2018年起，设立“林毅雄育人基金奖学金”和“林毅雄育人基金助学金”。奖学金用于奖励品学兼优的在校生，每人奖励3000元，每年奖励4名学子；助学金助力家庭困难、道德品质优良的生科学子在校学习，每人资助3000元，每年资助8名学子。至今已累计奖励资助24名学子，共计7.2万元。

颜思旭、蔡红玉助学金

颜思旭先生与其夫人蔡红玉先生于1973年来校任教，在厦大生物学系从事教学科研工作20多年，为厦大生物学科的发展做出了重要贡献。两位先生逝世之后，其子女夙先生遗愿，2019年1月捐赠50万元成立“颜思旭、蔡红玉助学金”，作为留本基金，2020年开始资助厦门大学生命科学学院家庭经济困难或因重大疾病、家庭重大变故导致学习生活困难的在校学生。

唐仲璋生命科学育人基金

2020年9月10日，在庆祝中国第36个教师节之际，我院唐崇惕院士为纪念其父唐仲璋院士115周年诞辰向厦门大学捐赠100万元设立“唐仲璋生命科学育人基金”（图6-8），献礼厦门大学、生物学科百年华诞，用于我校一流创新型领军人才培养，奖励在生命科学领域取得重大学术科研成果的优秀研究生。

图 6-8　唐崇惕院士捐赠 100 万元设立“唐仲璋生命科学育人基金”

2012—2020 年其他奖助学金校友捐赠名录

感谢众多校友对上述专项奖学金、奖教金、助学金的热心捐赠，除上述专项奖助学金捐赠之外，也特别感谢以下校友及社会各界热心人士对生命科学学院各项事业的大力支持，慷慨解囊，捐款捐物（排列按按姓氏拼音顺序）。

福州友宝科斯商贸有限公司厦门分公司
厦门欧米克生物科技有限公司
厦门古岩天成商贸有限公司
厦门合立信仪器仪表有限公司
厦门银行股份有限公司
厦门芯创生物科技有限公司
厦门闽博生物技术有限公司
厦门佰进生物科技有限公司
深圳龙纹实梦音乐制作有限公司
厦门市宝能科技有限公司

ABCam 公司

Novartis 公司

BMS 公司

厦门大学美洲校友会　生物系 57 级植物学专业　生物系 78 级同学会

寄生动物研究室

蔡福龙　岑　辉　陈　兵　陈方和　陈　光　陈　辉　陈桂香　陈鸿霖

陈　娟　陈清培　陈如意　陈婉瑜　陈厦山　陈晓兰　陈晓鹭　陈奕欣

陈正明　戴小兵　丁俊琪　郭彩华　洪艺玲　黄春福　黄　辰　黄国荣

黄厚哲家属　　黄建锋　黄建勋　黄锦水　黄明辉　黄婉瑜　黄　勋

黄　昱　简桂良　江　雨　蒋行迈　劳建民　李安荣　李和阳夫妇

李建良　李庆顺　李文豪　李勇斌　林炳珍　林德建　林立旺　林埔田

林庆红　林天伟　刘广发　刘　良　刘晓岚　刘宇新　卢　勤　罗　斌

吕荣富　倪怀新　彭振庆　邱思密　任淑敏　沈明山　孙开悦　王侯聪

王　桦　王庆新　王水交　王旭辉　王英光　王志腾　翁师德　吴华伟

吴　乔　吴若绮　吴少鸿　谢庆武　谢仰杰　谢　忠　徐　斌　徐建业

叶清梅　叶荣东　尤怀成　张　莉　赵兴华　曾永捷　曾俊生　郑明武

郑闽武　朱伟民　庄杰云　庄荣富

（以上捐赠明细如有遗漏或差错，请联系 smxy@xmu.edu.cn 补充更改）

第七章
大事记

时间	事件
1922 年	设立植物学，动物学两学科。次年改名植物学系和动物学系
1923 年	来校任教的美籍动物学家莱德(S.F.Light)在美国科学刊物 *Science*.(Vol.LVⅢ,No.1491,PP.57－60(1923))上发表《厦门大学附近之文昌鱼渔业》一文
1926 年	生物院落成，辟出二层专室，按进化历程陈列标本，既供教学科研之用，又对外开放普及科学知识
1930 年	举办暑期生物研究会，首期到会之中外学者达 25 位
1932 年	中华教育文化基金会与美国洛氏基金会协同资助，与我校合作，在生物院成立中华海洋生物学会(M B A C；Marine Biology Association of China)
1933 年	动物学、植物学两系合并为生物学系
1935 年	太平洋科学协会海洋学组中国分会成立，在成立大会上，会议决议设立包括厦门海滨生物研究场在内的 4 个海洋学研究场
1937 年	抗战爆发，厦大内迁长汀山城，坚持办学
1945 年	生物学系著名细胞生物学家汪德耀教授出任厦门大学校长
1946 年	学校迁回厦门办学
1952 年	生物馆成义楼建成
1953 年	建立中共厦门大学生物系党支部
1956 年	学校举办首次科学讨论会，生物学分组会提出论文报告 28 篇，是全系科研成果的一次总检阅
1958 年	以生物学系为基础，厦大与省科委合作筹办厦门大学海洋研究所
1959 年	在汪德耀教授主持下，设立细胞学科研组，从事动物细胞亚显微结构基础研究，为之后建立细胞生物学研究室奠定良好基础
1966 年	文革开始，生物学系停止招生
1972 年	正式招收工农兵学员进系学习
	海洋生物学专业划归新成立的海洋学系
1978 年	唐崇惕教授等的“胰脏吸虫的生物学及流行病学的研究”成果获全国科学大会科技成果奖

续表

时间	事件
1980 年	唐仲璋教授当选为中国科学院学部委员(中国科学院院士)。
1982 年	唐仲璋院士等“阔盘吸虫及矛形双腔吸虫的生物学及流行病学研究”获国家自然科学三等奖
	我院杨汉金教授等参与的全国橡胶科研协作组,成果“橡胶树在北纬 18—24 度大面积种植技术”获国家发明一等奖
1985 年	张松踪教授等“金定鸭培育”获国家科技进步二等奖
	动物学科经国家教委批准为我国高校重点学科之一
	化学系迁往新落成的化学大楼,原化学楼(南安楼)归生物学系使用(一楼东侧暂借海洋学系使用),微生物学教研室、生物化学教研室、生物固氮研究室以及图书资料室、供应室、系办公室等迁到南安楼(生物二馆),其余单位仍留在成义楼(生物一馆)
1986 年	经国家教委批准生物化学专业获硕士学位授予权
1987 年	唐仲璋院士等“中国动物志扁形动物门吸虫纲复殖目(一)”获国家科技进步三等奖(与中山医科大学合作)
1988 年	黄厚哲教授《生物学概论》获得国家教委优秀教材二等奖
1989 年	唐仲璋院士等“福建省寄生虫病病原生物学及流行病学的研究”获国家自然科学四等奖。
1991 年	唐崇惕教授当选中国科学院学部委员(中国科学院院士)
	国家计委批准建立“肿瘤细胞工程国家专业实验室”(B22)
1993 年	经国家教委批准,生物学系本科生物学专业建立国家理科基础科学研究和教学人才培养基地
	国家教委批准,“肿瘤细胞工程国家专业实验室”为“肿瘤细胞工程国家教委开放研究实验室”
1994 年	国务院学位办批准我系细胞生物学专业和分子生物学专业硕士学位授予权。

续表

时间	事件
1999 年	教育部批准建设“细胞生物学与肿瘤细胞工程教育部重点实验室”，为第一批教育部重点实验室
	根据教育部关于本科专业调整通知，生物学本科设生物科学和生物技术两个专业
	生物学系和抗癌研究中心组建成立生命科学学院。下设生物学系、生物化学与生物技术系、生物医学科学系、农业生物技术系
2000 年	获生物学一级学科博士学位授予点，从而拥有植物学、动物学、生理学、水生生物学、微生物学、神经生物学、遗传学、发育生物学、细胞生物学、生物化学与分子生物学、生物物理学、生态学 12 个二级博士授权点学科和相应的 12 个硕士学位授予点
	学院进行管理体制改革，全院撤销教研室，设置理论教学部和实验教学部统管教学工作。各课题组成为基层科研单位
2001 年	“以改革促发展，建设富有特色和优势的生物学人才培养基地”获国家级教学成果二等奖
2002 年	林鹏教授当选中国工程院院士
2003 年	中共厦门大学生物学系委员会撤销，成立中共厦门大学生命科学学院委员会。
2005 年	“生物学本科实验教学体系改革与实践”项目获国家教学成果一等奖。 “生命科学本科实验教学创新体系的建立与实践”“非生物类本科生生物教学的研究与实践”获得国家教学成果二等奖
	新增国家传染病诊断试剂与疫苗工程技术研究中心
2006 年	获得首批生命科学国家级教学示范中心
	我院“肿瘤生长和抑制相关信号转导的调控”研究团队获得教育部创新团队发展计划支持
	“生命医学科学学科创新引智基地”入选由教育部、国家外国专家局联合实施的高等学校学科创新引智计划
2007 年	我院新增滨海湿地生态系统教育部重点实验室(筹)，并于 2011 年通过验收

续表

时间	事件
2008 年	我院新增教育部“传染病诊断与疫苗研究”创新团队
2009 年	我院新增分子诊断教育部工程研究中心(筹)
	“依托学科优势的生物科学专业改革与实践”获国家级教学成果二等奖。
2010 年	“肿瘤生长和抑制相关信号转导的调控”研究团队获得国家自然科学基金委的创新研究群体项目资助。
2011 年	在原细胞生物学与肿瘤细胞工程教育部重点实验室和福建省癌症生物学重点实验室的基础上获科技部立项建设细胞应激生物学国家重点实验室
	滨海湿地生态系统教育部重点实验室顺利通过教育部验收
	“细胞应激生物学创新引智基地”入选高等学校学科创新引智计划
	举办首届厦门冬季学术会议,“厦门冬季学术会议”的前身是由厦门大学、新加坡国立大学和清华大学三校倡导并最后发展到国内外 14 所高校参与和主办的“中国一新加坡生物学学术研讨会”。2009 年 11 月第十届会议在厦门大学圆满结束后,主办方决定仿效“迈阿密冬季学术会议”(Miami Winter Symposia)将会议转型为“厦门冬季学术会议”。自 2011 年起已连续举办 10 届
2012 年	由厦门大学牵头,中国科学技术大学、浙江大学、中科院上海生命科学研究院以及药明康德新药开发有限公司作为核心单位共同组建的“细胞生物学协同创新中心”挂牌成立
	生命科学学院搬迁到翔安校区
	林圣彩教授课题组在“揭示营养匮乏引发细胞自噬的分子机制”方面的研究成果入选科技部评选的 2012 年度“中国科学十大进展”
	夏宁邵教授团队自主研制出世界上第一个防治戊型肝炎的基因工程疫苗“益可宁”,2012 年 10 月在厦门正式上市,并被两院院士评选为 2012 年中国十大科技进展

续表

时间	事件
2013 年	韩家淮教授团队项目“TNF 诱导的细胞坏死分子机制的研究”获 2013 年度国家自然科学奖二等奖
	厦门大学与中国科技大学、浙江大学签署共建“细胞生物学协同创新中心”协议
	福建省药物工程实验室获国家发改委批准升级为“天然产物源靶向药物国家地方联合工程实验室”
	韩家淮教授当选中国科学院院士
2014 年	林圣彩教授领衔的“细胞能量代谢稳态与疾病研究”创新团队入选科技部重点领域创新团队
	细胞应激生物学国家重点实验室通过科技部验收
	中国科学院院士韩家淮教授被任命为厦门大学副校长
	“遵循人才培养规律的生物学本科教学改革与实践”获国家级教学成果二等奖
	分子诊断教育部工程研究中心通过教育部验收
	“细胞生物学协同创新中心”正式更名为“细胞信号网络协同创新中心”。
2015 年	由美国著名免疫学家和遗传学家、2011 年诺贝尔生理学或医学奖获得者布鲁斯·博伊特勒(Bruce Beutler)教授倡导设立的博伊特勒书院，在学院正式揭牌成立
	细胞应激生物学国家重点实验室举办首届“科普活动日”，该活动自 2015 年起成为每年固定举办项目
2016 年	韩家淮教授课题组在“细胞炎性坏死机制”方面的研究成果由中国科协生命科学学会联合体评选入选 2015 年度中国生命科学领域十大进展
	生物博物馆开馆
	我院党委获“全省先进基层党组织”表彰
	厦门大学厦门校友会生命科学学院分会成立大会

续表

时间	事件
2017 年	林圣彩教授课题组在 *Nature* 杂志上发表研究性论文，揭示细胞感应葡萄糖水平的分子机制，并提出 AMPK 有独立于 AMP 或 ADP 之外的调控机制
	生物学学科入选国家“双一流”建设学科名单
	教育部学位与研究生教育发展中心公布了全国第四轮学科评估结果，学院生物学学科的评估结果为 A－。在所有参评高校中的位次百分位为前 5%～10%
2018 年	“细胞感应葡萄糖水平并调控代谢的分子机制”研究成果入选 2017 年度中国生命科学十大进展
	“预防宫颈癌的人乳头瘤病毒 16/18 型双价疫苗”研究成果获第十届紫金科技创新奖
	生命科学学院细胞生物学教师团队入选教育部首批全国高校黄大年式教师团队
	生命科学学院生物医学科学系党支部书记工作室入选教育部办公厅首批全国高校“双带头人”教师党支部书记工作室建设名单
	教育部公布了新时代高校党建示范创建和质量创优工作评审结果，生命科学学院党委入选首批全国党建工作标杆院系培育创建单位
	生命科学学院“博伊特勒书院—生命科学拔尖人才培养体系的构建与实践”项目获得 2018 年国家级教学成果奖二等奖
	生命科学学院生物医学教学团队作为“教学研究型”团队入选 2018 年省级教学团队建设名单(闽教高〔2018〕59 号)
2019 年	我院进行系级机构调整，系级结构由生物学系、生物化学与生物技术系、生物医学科学系、农业生物技术系等 4 个系调整为生物学系、细胞生物学系、生物化学系、免疫与微生物学系、遗传与发育生物学系等 5 个系
	我院生物科学专业获批国家级一流专业建设点
2020 年	高亚辉教授研究团队参与合作的成果“近海赤潮灾害应急处置关键技术与方法”荣获国家技术发明二等奖
	周大旺教授被任命为厦门大学副校长
	莫玮教授和韩家淮院士合作在 *Nature* 上发文揭示基因组不稳定性触发的非经典坏死引发炎性肠炎的机制
	细胞应激生物学国家重点实验室大楼落成